Berndt Marmulla **Der verräterische Ring**

Berndt Marmulla

Der verräterische Ring

Fünf authentische Kriminalfälle
aus der DDR

Bild und Heimat

Von Berndt Marmulla liegen bei Bild und Heimat außerdem vor:

Der Weihnachtsmord *und vier weitere Verbrechen*
(Blutiger Osten, 2019)

Der Kinderwagen-Brandstifter *und vier weitere Verbrechen*
(Blutiger Osten, 2019)

Die Gärtner-Bande *und drei weitere Fälle*
(Blutiger Osten, 2020)

Mord im Rosenpark *und fünf weitere authentische Kriminalfälle aus der DDR*
(2021)

Der Friedhofsgänger *und vier weitere authentische Kriminalfälle aus der DDR*
(Blutiger Osten, 2022)

ISBN 978-3-95958-356-5

1. Auflage
© 2023 by BEBUG mbH / Bild und Heimat, Berlin
Umschlaggestaltung: capa
Umschlagabbildung: Chris Keller / bobsairport
Druck und Bindung: GGP Media GmbH, Pößneck

In Kooperation mit der SUPERillu

www.superillu-shop.de

Inhalt

Carpe diem

April 1944

Der Schuss traf den Jungen an der linken Kopfseite.

Er hatte auf der Plattform des Lkw gelegen und war das einzige überlebende Kind. Die anderen Jungen und Mädchen im Alter von drei bis sieben Jahren wurden bei dem Angriff der amerikanischen Tiefflieger alle tödlich verletzt. Ein SS-Angehöriger fand den unverletzten Jungen. Doch er nahm an, dass er ebenfalls tot sei. Er schoss ihm mit seiner Pistole in den Kopf und warf ihn vom Lkw.

Insgesamt wurden fünf Lkw von den Amerikanern angegriffen. Einer von ihnen transportierte die Kinder. Sie sollten zur Landesanstalt Görden bei Brandenburg gebracht werden, in der es seit 1939 eine jugendpsychiatrische Fachabteilung gab. Dort hätte sie nach Monaten »wissenschaftlicher Untersuchungen« der Tod erwartet. Alle diese Maßnahmen wurden unter der Bezeichnung »nationalsozialistische Rassenhygiene« im Rahmen der Euthanasieprogramme der Nazis durchgeführt.

Einige Stunden nach dem geschilderten Ereignis wurde der Junge lebend von Soldaten der Wehrmacht auf der Landstraße aufgefunden. Die Schussverletzung am Kopf war tatsächlich nicht lebensgefährlich. An seiner Bekleidung fanden sie ein Pappschild: Manfred L., Nr. … Es wurde vermutet, dass der Junge etwa drei Jahre alt sei. Eine Rückverfolgung seiner Herkunft war nicht möglich. So kam er in ein Kinderkrankenhaus im Land Brandenburg.

Dort stellte man auch fest, dass der unbekannte Junge an einer psychischen Krankheit litt.

1971, Polizeirevier 285

Seit über anderthalb Jahren war ich Revierkriminalist in Berlin-Buch. Wir waren insgesamt zu dritt: Leutnant (Kommissar) Hans K., Kriminal-Obermeister Berndt M. und Kriminalhauptwachtmeister Elke D. Unsere Aufgabe bestand in der Bearbeitung und Aufklärung von Straftaten, deren Täter bisher unbekannt waren. Zumeist handelte es sich um Diebstähle in den zahlreichen Krankenhäusern in Buch, um Einbrüche in Wohnungen und Betriebe, Körperverletzungen und Sexualdelikte aller Art. Die Täter mussten ermittelt werden.

Waren sie von vornherein bekannt, erfolgte die sofortige Bearbeitung, also Übernahme, durch ein anderes Arbeitsgebiet in der Inspektion Pankow (gelegen am S-Bahnhof Pankow in der Berliner Straße).

An einem sonnigen Wochentag im Herbst 1971 erschien gegen 10 Uhr Florian T. auf der Wache des Polizeireviers. Mir war bekannt, dass Herr T. Gemeindepfarrer von Berlin-Buch war. Er wollte unbedingt einen »Kriminalbeamten« sprechen. Die Kollegen der Schutzpolizei informierten mich, und ich war gespannt, was der Pfarrer mitzuteilen hatte.

Im Büro kam Herr T. nicht gleich zur Sache, sondern druckste ziemlich lange herum. Dann erklärte er mir, dass es sich um eine heikle Angelegenheit handele, er aber nun bereit sei, Anzeige gegen einen gewissen Manfred L. zu erstatten.

Manfred L. war Herrn T. seit längerer Zeit bekannt. Er war geistig behindert und auch sehr häufig in geschlossenen Einrichtungen untergebracht, meist aber nur für Monate. Danach wurde er wieder entlassen, nahm ab und zu eine Tätigkeit als Hilfsarbeiter auf und bekam sogar eigenen Wohnraum. Manfred L. selbst gab an, ein gläubiger Christ zu sein, und besuchte häufig Gottesdienste. Er nahm persönlichen Kontakt zu Gemeindemitgliedern und zu den jeweiligen Pfarrern auf. Viele Gemeindemitglieder und Geistliche in Berlin und Umgebung versuchten, Manfred L. zu unterstützen. Mit Bargeld, Naturalien und manchmal auch mit Haushaltsgegenständen, Mobiliar und Ähnlichem.

Alle seiner Kontaktpersonen kannten sein Schicksal: Leicht geistig behindert, von der SS beinahe auf einem Kindertransport erschossen, ohne Eltern oder andere Verwandte nach dem Zweiten Weltkrieg in Kinder- und Jugendheimen aufgewachsen. Von einer Anstalt (Einrichtung) in die andere abgeschoben. Das war schon ein verdammt hartes Leben.

Manchmal arbeitete er auch in der jeweiligen Gemeinde, Gartenarbeiten und Grabpflege gehörten zu seinen Aufgaben. Oft wurde er zu den Mahlzeiten der Gemeindemitglieder eingeladen.

Doch dann begann das Drama. Nur langsam erhielten die Pfarrer Kenntnis von der anderen Seite des bedauernswerten Manfred L. Fast alle Kontaktpersonen stellten fest, dass nach seinem Aufenthalt in den Wohnungen,

Häusern beziehungsweise Pfarrbüros Gegenstände und Bargeld verschwunden waren.

Da sich diese Mitteilungen häuften, sah sich der Pfarrer nunmehr »gezwungen«, diese Angelegenheit der Polizei anzuzeigen. Er wusste, dass auch die Pfarrgemeinden in Bernau bei Berlin und Berlin-Niederschönhausen Anzeige erstatten wollten. Denn dort kamen langsam Unsicherheit und auch Misstrauen unter den Gemeindemitgliedern auf.

Insgesamt vermutete Pfarrer Florian T. etwa 15 bis 20 Diebstahlshandlungen, für die Manfred L. verantwortlich sein könnte. Er betonte, dass er eigentlich schon ziemlich lange von den Sachverhalten wisse, aber aufgrund des Schicksals des jungen Mannes immer wieder gezögert habe, die Polizei zu verständigen.

Bisher wurde Manfred L. von Seiten der Betroffenen und Geschädigten nicht angesprochen. Das hieß, er ahnte noch nicht, welcher Verdacht sich gegen ihn »zusammenbraute«. Mir war sofort klar: Das konnte von Vorteil sein. Ich wusste auch: Um die Beweislage zu klären, war es wichtig, gestohlene Gegenstände und Ähnliches bei ihm sicherzustellen.

Ich nahm eine »Anzeige gegen Unbekannt« auf. Es war ziemlich logisch, dass Manfred L. mit den Diebstählen zu tun hatte. Aber das musste erst einmal bewiesen werden. Pfarrer Florian T. war mit meiner weiteren Vorgehensweise einverstanden und wirkte nun ziemlich erleichtert.

Neben dem gestohlenen Bargeld (insgesamt circa 2.500 bis 3.000 Mark) kam als Diebesgut vor allem Schmuck in Frage (darunter unter anderem Damen- und Herrenringe sowie Halsketten). Den Schaden konnte man auf etwa

5.000 Mark einschätzen. Die gestohlenen Gegenstände waren für den Dieb sehr leicht erreichbar gewesen. Sie hatten in Schubladen beziehungsweise offen in den Wohnungen herumgelegen.

Die erste Routineabfrage in unseren kriminalistischen Dateien ergab, dass Manfred L. bei uns kein Unbekannter war: mehrfach wegen Diebstahls in Erscheinung getreten, aufgrund seiner geistigen Behinderung aber nicht vorbestraft. Einbrüche, Körperverletzungen und Beleidigungen gehörten zu seinem kriminellen Spektrum.

Nach vorliegender Aktenauskunft befand sich Manfred L. zu dieser Zeit in Berlin-Buch, Klinikum, Teil II, Haus 213. Dabei handelte es sich um eine psychiatrische Einrichtung für Straftäter – im geschlossenen und offenen Vollzug (heute: Maßregelvollzug mit noch umfangreicheren Sicherheitsmaßnahmen als zur damaligen Zeit).

Für uns wäre es nun günstig gewesen, hätte sich Manfred L. immer noch im dortigen offenen Vollzug befunden: keine großartige Suche und dann noch im Zuständigkeitsbereich Berlin-Buch.

Psychiatrische Klinik im Krankenhaus Berlin-Buch

Noch am gleichen Tag bereiteten wir Revierkriminalisten uns auf die weiteren Untersuchungshandlungen im Fall »Kirchendieb« (so unsere eigene Bezeichnung) vor. Hanne K. und ich sollten die Vernehmung von Manfred L. und die Durchsuchung seiner Unterkunft übernehmen und Elke D. die unmittelbar anfallende Arbeit (eventuelle neue Anzeigen und damit verbundene Tatortarbeit).

Gesagt, getan. Schon am nächsten Tag saß Manfred L. bei uns im Dienstzimmer. Wir hatten ihn mit Unterstützung eines Funkwagens zum Polizeirevier 285 bringen lassen. Er machte einen ruhigen und gelassenen Eindruck. Als wir dann immer konkreter auf seine Aufenthalte in den Wohnungen der Gemeindemitglieder eingingen, wurde ihm klar, worum es ging. Sein Verhalten änderte sich schlagartig. Er wurde laut und beschimpfte uns als Banditen und als »verkleidete Ärzte«, die ihn mit Elektroschocks behandeln wollen. Ich kann mich noch sehr genau daran erinnern, wie er plötzlich aufsprang und sich auf den Boden warf – dabei schrie er unentwegt alle möglichen Schimpfwörter und Beleidigungen. So etwas hatte ich noch nicht erlebt.

Es gelang Hanne K, mir und einem Schutzpolizisten schließlich, Manfred L. zu beruhigen. »Sanfte« Gewalt wurde dabei ebenfalls eingesetzt. Nach gemeinsamer Kaffeerunde und Zigarettengenuss entspannte sich die Situation, und Manfred L. begann zu schluchzen und zu weinen. Ihm war klar, dass wir seine Unterkunft durchsuchen, ja, dass wir dort auch »einiges« finden würden.

Gemeinsam mit Elke D. machte ich mich nun auf den Weg nach Buch, in die Psychiatrische Klinik, Haus 213. Während wir das Einzelzimmer von Manfred L. durchsuchten, begann Leutnant Hans K. im Polizeirevier mit der schriftlichen Vernehmung. Uns war klar, dass wir aufgrund der festgestellten Schuldunfähigkeit von Manfred L. keinen Haftantrag zu beantragen brauchten. Das war allerdings auch nicht so bedeutsam. Wichtiger war, dass wir die angezeigten Diebstähle nach den Einlassungen des Beschuldigten und durch die Beschlagnahmung einiger Gegenstände aufgeklärt hatten. Übrigens: Pfarrer Florian T. und zwei weitere Kirchenvertreter brachten uns schriftlich ihre Anerkennung und Dankbarkeit zum Ausdruck.

Mir blieb diese eigentlich alltägliche kriminalistische Arbeit noch einige Zeit im Gedächtnis haften – das hatte sicherlich mit der Person von Manfred L. zu tun. Ich hatte zuvor schon einige Sachverhalte mit psychisch auffälligen Personen erlebt. Aber das Schicksal und der Lebensweg dieses jungen Mannes beeindruckten mich durchaus.

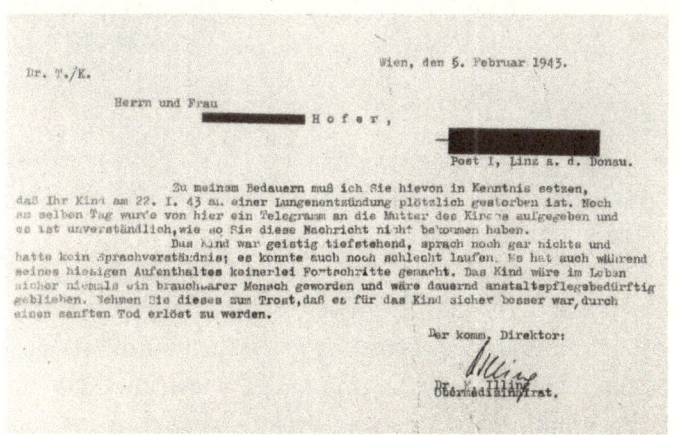

Mitteilung aus dem Jahr 1943 an Eltern eines im Rahmen des Euthanasie-Programms der Nazis getöteten Kindes

Dezember 1976, Berlin-Pankow

Vorweihnachtszeit – Geschenke werden gekauft, Weihnachtsbäume beschafft. Unser zehnjähriger Sohn Thomas hat schon seinen Wunsch geäußert: ein Fahrrad. Meine Frau Gabi hat sich einen Besuch im Deutschen Theater auf ihrem Wunschzettel notiert. Da muss ich mich sputen, denn Theaterplätze, egal aus welchem Bereich, sind sehr begehrt. Na, wird schon klappen – Hauptsache, die Kriminellen »spielen« mit und vermasseln uns nicht den Feierabend.

Kirche und Pfarrhaus, Pankow

Im Pfarrhaus der Evangelischen Kirchengemeinde Alt-Pankow in der Johannes-R.-Becher-Straße (heute: Breite Straße) herrscht ebenfalls vorweihnachtliche Betriebsamkeit. Geschenke für Familienangehörige und nahestehende Gemeindemitarbeiter werden verpackt, Weihnachtsfeiern vorbereitet sowie die eingetroffenen

Spendenpakete aus der Bundesrepublik Deutschland und Westberlin geöffnet und neu für Gemeindemitglieder zusammengestellt. Hierbei werden Alter und andere Umstände der Empfänger, wie beispielsweise die Zahl der Kinder, beachtet. Jeden Tag treffen Postsendungen befreundeter christlicher Gemeinden aus dem »Westen« ein.

Freitag, 17. Dezember 1976, circa 18 Uhr, evangelisches Gemeindehaus, Pankow, Johannes-R.-Becher-Straße

Der Mann, der sich aus dem Schatten des angrenzenden Gebäudes auf die Rückseite des Gemeindehauses begibt, ist bemüht, so unauffällig wie möglich zu sein und nicht gesehen zu werden. Er ist dunkel gekleidet und hat zwei große Sporttaschen bei sich. Sein Ziel ist klar: Er will ungesehen in das Gemeindehaus gelangen, wenn es sein muss auch mit Gewalt. Er trägt aus diesem Grund ein Brecheisen und einen Glasschneider bei sich.

Der Mann hofft, diesmal mehr Glück zu haben als in den vergangenen Tagen – immer war das Haus hell erleuchtet und Menschen gingen ein und aus.

Er verharrt im Hof des Gemeindehauses und kann voller Genugtuung feststellen, dass das Haus nicht erleuchtet ist, es gibt keinen Hinweis auf die Anwesenheit anderer Menschen. Und dann will er vor Freude fast einen Luftsprung machen: Im Hochparterre ist ein Fenster unverschlossen, einen Spaltbreit geöffnet. Und der Hauptgewinn: In einer dunklen Ecke des Gemeindehaushofs liegt an eine Schuppenwand gelehnt eine Leiter!

Rückfront des Pfarrhauses, Johannes-R.-Becher-Straße

Rückfront des Pfarrhauses:
Einstieg des Täters (Animation)

Nun konzentriert sich der Mann auf den Einstieg. Er ist zwar nicht sehr sportlich, aber mit Hilfe der Leiter gelangt er problemlos zum geöffneten Fenster im Hochparterre. Nach dem Einstieg muss er noch einmal in den Hof zurück, um die zweite dort abgestellte Sporttasche zu holen, denn er hofft auf umfangreiche Beute. Seine Hoffnung trügt ihn nicht. Im Flur des Obergeschosses stapeln sich Pakete. Darauf hat er spekuliert. Er kennt sich in solchen Dingen aus, weiß, wie großzügig die Kirchengemeinden aus dem Westen Deutschlands sind, gerade zur Weihnachtszeit.

Wahllos packt er Pakete in seine beiden Sporttaschen und macht sich auf den Rückweg. Wieder muss er den Weg zweimal zurücklegen. Die Sporttaschen sind einfach zu schwer.

Schwer beladen verlässt er das Grundstück des Pfarrhauses und spricht dabei leise den lateinischen Spruch vor sich hin: »Carpe diem« (eine der verschiedenen Übersetzungen lautet: »Nutze den Tag«). In den zahlreichen kirchlichen Einrichtungen, in denen er sich seit seiner Kindheit aufhielt, hat er diesen Spruch oft gehört.

Auch mir war und ist dieser Spruch nicht unbekannt. Meine von mir hochverehrte Großmutter Ida – sie kam aus bäuerlichen Verhältnissen in der Altmark und war christlich erzogen – sagte oft zu mir: »Sprüche sind schön – aber satt wird man davon nicht.« Kurz vor dem Ersten Weltkrieg, da war sie 17 Jahre alt, zog sie nach Berlin. Sie lebte mit meinem Opa Rudolf, meinen Eltern und mir bis zu ihrem Tod 1975 in einer Zwei-Zimmer-wohnung in Prenzlauer Berg. Ihr Zimmer war gleichzeitig Wohnzimmer, Schlafzimmer und ihre Schneiderwerk-statt.

Unser Einbrecher und Dieb ließ die Leiter an die Hauswand gelehnt zurück – ein wichtiger Umstand, auf den ich noch zurückkommen werde!

Bereits gegen 19 Uhr hatte der Sohn des Pfarrers K. das Gemeindehaus betreten. Er hörte Geräusche im Obergeschoss des Hauses und vermutete sofort Einbrecher. Er rannte zur dem Pfarrhaus gegenüberliegenden Kirche, in der sich sein Vater aufhielt. Der Pfarrer begab sich umgehend ins Pfarrhaus, sah die im Obergeschoss vorhandene Unordnung und verständigte vom Büro aus telefonisch die Volkspolizei über den Notruf 110.

Samstag, 18. Dezember 1976, Volkspolizeiinspektion Berlin-Pankow

Gegen 10 Uhr klingelte bei mir zu Hause das Telefon. Ich hatte eigentlich keinen Dienst, ahnte aber schon, dass es einen besonderen Grund geben musste, mich zur Inspektion kommen zu lassen. Der Leitungsdienst der Kriminalpolizei, Hauptmann (Hauptkommissar) Horst H. erklärte nur kurz und knapp: »Heikle Sache, Berndt, aber genau richtig für deine Arbeitsgruppe: Einbruch. Muss deine Arbeitsgruppe übernehmen. Du kannst aber noch ruhig zu Ende frühstücken.«

Gegen 11 Uhr war ich in der Inspektion. Dort erfuhr ich von Hauptmann Horst H. den Sachverhalt: Einbruch in das Pankower Pfarrhaus. Tatzeit ziemlich konkret gestern gegen 18 Uhr. Unbekannte Täter wurden vermutlich vom Pfarrer und seinem Sohn gestört. Diverse gestohlene Weihnachtspakete! Alle natürlich aus der Bundesrepublik Deutschland beziehungsweise Westberlin. Der Täter stieg mit Hilfe einer auf dem Hof befindlichen Leiter in das Haus ein. Ein nicht verschlossenes, leicht geöffnetes Fenster im Hochparterre erleichterte dem oder den Tätern das Eindringen in das Haus. Tatortarbeit und Spurensuche wurde vom Nachtdienst (Kriminaldauerdienst) der Inspektion Pankow durchgeführt.

Einbrüche in christliche Häuser, egal ob Verwaltungsgebäude oder ein Gotteshaus selbst, gehörten in der DDR nicht zum alltäglichen kriminalistischen Handwerk. Sie waren schon etwas Besonderes. Die Kirchen und auch die Politik waren natürlich sehr daran interessiert, derartige Straftaten schnell aufzuklären und die Täter zu ermitteln. Dementsprechend war der Aufklärungsdruck auf die Untersuchungsorgane ziemlich hoch. Dabei ging es nicht vordergründig um den materiellen Schaden, sondern um die Ermittlung der Täter und ihrer Motivation.

Also musste ich mit meiner Arbeitsgruppe den Einbruch übernehmen. Seit 1975 und erfolgreicher Absolvierung des vierjährigen Kriminalistik-Fernstudiums wurde ich als Arbeitsgruppenleiter »Schwere Straftaten« in der VP-Inspektion Pankow eingesetzt. Diese Funktion war mein »heimliches« berufliches Ziel gewesen, dementsprechend engagiert nahm ich die Tätigkeit auf.

»Schwere Straftaten« beinhaltete alle durch unbekannte Täter im Inspektionsbereich (Stadtbezirk Pankow) begangenen Straftaten: Sexualdelikte, Wohnungseinbrüche, Einbrüche in Betriebe, Betrugshandlungen, schwere Körperverletzungen, Brandstiftungen und Ähnliches. Aber auch Serienstraftaten durch unbekannte Täter im Grenzbereich des Stadtbezirkes.

Die Arbeitsgruppe bestand aus acht Kriminalisten: einem Arbeitsgruppenleiter und sieben Kriminalisten mit teilweise spezieller Ausbildung (zum Beispiel als Brandsachbearbeiter). Ab und zu hatte ich auch Praktikanten von der Humboldt-Universität, Bereich Kriminalistik, im Einsatz. Von meiner Arbeitsgruppe kann ich nur sagen: Das waren qualifizierte, engagierte Kollegen!

Nach kurzer Durchsicht der bisher vorhandenen Unterlagen des Kriminaldauerdienstes (Anzeige, Tatortbefundbericht, Spurensicherungsbericht, erste Ermittlungsprotokolle) waren mir die nächsten Aufgaben klar. Ich verständigte zunächst Leutnant (Kommissar) Günther B. (»Charly«), Mitarbeiter meiner Arbeitsgruppe. Er hatte am Wochenende Bereitschaftsdienst. Mit ihm wollte ich unbedingt den Tatort aufsuchen und mir ein eigenes Bild von dem Einbruch machen.

Ich war bereits im Gespräch mit Pfarrer K. als »Charly« am Tatort eintraf. Pfarrer K. hatte sich inzwischen einen Überblick über den entstandenen Schaden verschafft. Es wurden ausschließlich die bereits erwähnten »Westpakete« aus dem Flur des Obergeschosses gestohlen. Pfarrer K. gab die Anzahl der gestohlenen Pakete mit 15 an. Sicher war er sich aber nicht. Zum Inhalt der Pakete gab er an, dass es sich überwiegend um Kaffee, Zigaretten und Süßigkeiten aller Art handele. Es könnten auch Bekleidungsgegenstände dabei gewesen sein (Hemden, Blusen, Jeans).

Aufgrund der Anzahl der Pakete müssen die Täter Transportmittel – Beutel,

Taschen und so weiter – mitgeführt haben. Für die Ermittlungen im Tatortbereich nicht unwichtig. Wir hofften, Zeugen feststellen zu können.

Bei der nochmaligen Spurensuche am Tatort entdeckten wir im Treppenhaus zwei Pakete, die offensichtlich von den Tätern erst eingepackt und dann doch zurückgelassen wurden. Diese Pakete stellten wir sicher. Mein Gedanke: Vielleicht können wir an diesen Paketen daktyloskopische Spuren (Fingerabdrücke) sichern.

Ansonsten gab es am Tatort keine Erkenntnisse beziehungsweise Täterhinweise. Auch die Einbeziehung des zuständigen Abschnittsbevollmächtigten der Volkspolizei (ABV) in die Untersuchungstätigkeit sowie Ermittlungen im unmittelbaren Tatortbereich (Befragungen von Mietern der Nachbarhäuser) brachten keine Hinweise auf den oder die Täter.

Da wir in der Arbeitsgruppe noch mehrere ungeklärte Straftaten bearbeiteten, wollte ich die Arbeitsgruppe ab dem kommenden Montag neu aufteilen. »Charly« und Leutnant Wolfgang G. sollten sich neben anderen Einbrüchen vorrangig auf den Einbruch in das Pfarrhaus konzentrieren, denn ich ahnte, dass in der nächsten Woche die erste Kontrolle durch das Präsidium der Volkspolizei (Sitz am Alexanderplatz) bezüglich unserer Aktivitäten erfolgen würde.

Natürlich ging auch mir der Einbruch in das Pfarrhaus nicht aus dem Kopf. In welchem Umfeld war der Täter zu suchen? Wer kannte sich mit den Gepflogenheiten im kirchlichen Bereich, insbesondere zur Weihnachtszeit, aus? Hatten die oder der Täter Helfer im Pankower Pfarramt? Könnte es sein, dass das Fenster bewusst nicht verschlossen wurde, um den Einstieg zu erleichtern? Wie würden die Täter mit dem Inhalt der Pakete umgehen? Eigenbedarf, verschenken, verkaufen? Alles zu diesem Zeitpunkt offene Fragen. In den täglichen Beratungen innerhalb der Arbeitsgruppe standen sie im Mittelpunkt unserer Diskussionen.

Auch die Ermittlungen des Kommissariats I brachten keine Hinweise. Das Komm. I hatte sogenannte Informanten in allen gesellschaftlichen Bereichen im Einsatz, unter anderem in Kneipen und Gaststätten.

Nachdem wir die Kontrolle des Präsidiums hinter uns hatten – keine großen Probleme, man schätzte den gegenwärtigen Ermittlungsstand aller Fälle, die wir bearbeiteten, real ein –, saßen wir am Ende der Woche, also am Freitag, wieder im Beratungszimmer zusammen. Ich wertete unsere erzielten Aufklärungserfolge aus. Natürlich wurden die ungeklärten Fälle besonders kritisch in Augenschein genommen, und wir gingen selbstkritisch an alle Straftaten heran. Dabei war der Einbruch in das Pankower Pfarrhaus einer der Diskussionsmittelpunkte.

Wir waren inzwischen zu dem Schluss gekommen, das wir es nur mit einem Täter zu tun hatten. Einer meiner Mitarbeiter, ich glaube es war Kriminalobermeister Fred G., vertrat die Meinung, dass der Einbrecher vielleicht ein »Verrückter« sei – wer bricht schon in ein kirchliches Gebäude ein! Wir anderen schmunzelten über seinen Gedanken und er war schnell verflogen. Doch an diesem Wochenende grübelte ich aus irgendeinem Anlass über »Freddis« Bemerkung nach. Eigentlich gab es keinen konkreten Grund, und trotzdem kam mir das Jahr 1971 in den Sinn. Mein Zusammentreffen mit dem Dieb Manfred L. auf dem Revier 285 in Berlin-Buch. Na klar, Manfred L. hatte Kirchenmitarbeiter und Gemeindemitglieder in ihrem eigenen Umfeld bestohlen, ihr Vertrauen missbraucht – aber direkt in Kirchengebäude einzudringen? Wahrscheinlich doch eine Nummer zu groß für ihn …

Aber so ganz hatte ich meinen Verdacht Manfred L. betreffend bei Dienstbeginn am Montag nicht vergessen. Ich ermittelte zunächst seinen aktuellen Aufenthaltsort. Da gab es schon einmal die erste Überraschung: Seit circa zwei Jahren wohnte Manfred L. in der Thulestraße, im Stadtkern von Pankow gelegen, und nicht mehr in Berlin-Buch. Als nächsten Schritt telefonierte ich mit Pfarrer K. aus der Breite Straße.

Dann die nächste Überraschung: Manfred L. war dem Pfarrer bekannt, ebenso sein schwieriger und leidvoller Lebensweg. Ja, Herr K. bestätigte auch, dass Manfred L. im Jahr 1976 mindestens einmal im Pfarrhaus anwesend war.

Alle diese Informationen stimmten mich sehr optimistisch auf der »richtigen Fährte« zu sein. Hinzu kam, dass ich von unserem Kriminaltechniker die Nachricht erhielt, dass eine der gesicherten Fingerabdruckspuren an den zwei von »Charly« und mir im Treppenhaus des Pfarrhauses aufgefundenen und von den Tätern zurückgelassenen Paketen den nicht den Tatortberechtigten – also der Familie von Pfarrer K. und den berechtigten Gemeindemitgliedern – zuzuordnen waren. Es konnten demnach durchaus Täterspuren sein.

Meine Stimmung wurde besser und besser.

Ein vielleicht etwas merkwürdiger Vergleich: Die Schlinge um den Hals von Manfred L. zog sich langsam zu.

Am Dienstag teilte ich meine Version »Charly« B. und »Freddi« G. mit. Schließlich war es möglich, dass »Freddis« lapidare Bemerkung eventuell zur Aufklärung des Einbruchs führen würde.

Dann überschlugen sich in meiner Arbeitsgruppe die Ereignisse. Es gab im Zusammenhang mit einer von uns bearbeiteten Straftatenserie (Sexueller Missbrauch von Kindern) im Bereich Blankenburg einen sogenannten Neuanfall. Der unbekannte Täter hatte wieder ein zehnjähriges Mädchen missbraucht. Ich musste meine gesamte Arbeitsgruppe im sogenannten ersten Angriff zum Einsatz bringen. (Der Fall wird im Band »Die Gärtner-Bande und drei weitere Fälle« in der Reihe »Blutiger Osten« ausführlich von mir geschildert.)

Erst am Donnerstag konzentrierte ich mich wieder auf den »Kirchendieb«. Wir wollten nun »Nägel mit Köpfen« machen, und ich machte mich mit »Charly« auf den Weg zur Thulestraße. Einen Pkw hatten wir nicht zur Verfügung. So begaben wir uns zu Fuß zum Wohnhaus von Manfred L.

Wohnhaus Thulestraße

Im Seitenflügel des Altbaus fanden wir kein Namensschild, das auf Manfred L. hingewiesen hätte. Allerdings fanden wir im zweiten Stock eine Wohnungstür, an der es kein Namensschild gab, dafür aber ein etwa DIN-A4-großes, mit Reißzwecken befestigtes Blatt Papier mit folgendem Text:

Bien im Jenseits
Komme gleich wieder.

Wir waren uns ziemlich sicher: Hier wohnt Manfred L. Überzeugung erlangten wir, indem wir eine Mieterin – Frau Margarete W., 78 Jahre alt –, die wir in ihrer Wohnung antrafen, zu Manfred L. befragten.

Sie bestätigte uns den Verdacht bezüglich der Wohnung. Aber sie wusste noch viel Interessanteres zu berichten.

Erst einmal stellte sie Manfred L. ein tadelloses »Zeugnis« aus: ein netter, freundlicher und immer hilfsbereiter Nachbar, jetzt, zur Weihnachtszeit, besonders freundlich, denn er hatte mehrere, vor allem ältere Mieter mit Geschenken überrascht. Frau W. war der Meinung, dass Manfred L. in einer karitativen Einrichtung der evangelischen Kirche arbeite, die im Besonderen für die Versorgung und Betreuung älterer Menschen zuständig sei.

Tja, da konnte man wohl nicht meckern – »unser Manfred« als Weihnachtsengel!

Nun waren wir uns absolut sicher, den Einbrecher vom Gemeindehaus Pankow ermittelt zu haben. Weitere von uns befragte Mieter des Hauses in der Thulestraße bestätigten die Angaben von Frau W. bezüglich des Verhaltens und der »Großzügigkeit« von Manfred L. Wir sahen jedoch keine Veranlassung, die Illusion der Bewohner des Hauses, ihren Nachbarn betreffend, zu zerstören.

Nach den erfolgreichen Ermittlungen in der Thulestraße verließen wir das Wohnhaus. Kaum waren wir aus der Tür getreten, sah ich auf der gegenüberliegenden Straßenseite eine mir bekannt vorkommende Person. Ohne Zweifel, ich erkannte ihn sofort wieder: Manfred L.

Er trug wie 1971 »Hochwasserhosen«, das heißt, die Hosen endeten hoch über den Schuhen, heute vielleicht modern, damals eine modische Katastrophe. Nur geistig behinderte Menschen kleideten sich derartig. Fröhlich grinsend lief unser Einbrecher die Straße entlang. Er erkannte mich nicht.

Meinem Kollegen »Charly« teilte ich meine Feststellung mit und wies gleich darauf hin, keine unüberlegte Aktion, wie zum Beispiel die Festnahme, durchzuführen. Ich erinnerte mich noch sehr genau an Manfred L.s Verhalten auf dem Revier in Berlin-Buch. Für eine Festnahme beziehungsweise Zuführung brauchten wir unbedingt einen Pkw.

Auf der Inspektion angekommen, warteten wir auf die Nachricht, dass ein Zivilfahrzeug zur Verfügung stehe. Gegen 15 Uhr war es so weit. Wir fuhren zu dritt, »Charly«, »Freddi« und ich, zur Thulestraße. Wie erwartet trafen wir Manfred L. in seiner Wohnung an. Dort entdeckten wir noch acht der gestohlenen Pakete aus dem Gemeindehaus.

Bei der Durchsuchung der Wohnung – sie bestand ja nur aus einem Zimmer, Küche, Flur und Toilette – war Manfred L. sehr nervös und steigerte sich langsam in einen erheblichen Erregungszustand. Ich sprach ihn daraufhin direkt auf unser Zusammentreffen von 1971 an. Nachdem er mich erkannte, wurde er erstaunlicherweise immer ruhiger und ließ sich ohne Schwierigkeiten zum Pkw und zur Inspektion Pankow bringen. Wahrscheinlich hatte ich die richtigen Worte gefunden. Doch bei aller kriminalpsychologischen Ausbildung und Erfahrung im Umgang mit einem so schwierigen Personenkreis: Theorie und Praxis sind doch zwei Paar unterschiedliche Schuhe.

Die Vernehmung von Manfred L. war unproblematisch. Wir mussten den Sachverhalt natürlich so weit wie möglich umfassend klären, aber uns war klar, dass bei ihm die Schuldunfähigkeit zutraf und im härtesten Fall die Einweisung in den Maßregelvollzug erfolgen könnte. Eigentlich war er ein »Paradefall« für einen geistig behinderten Täter, der immer wieder mit dem Gesetz kollidiert. Für alle Beteiligten stets eine unangenehme Situation, ob es sich dabei um Vertreter der Justiz, Polizei, Mediziner oder auch die betroffenen, geschädigten Bürger selbst handelt.

Eine wichtige Mitteilung bekamen wir dann noch vom Kriminaltechniker der Inspektion Pankow: Unsere im Treppenhaus des Pfarramtes gesicherten daktyloskopischen Spuren – die Fingerabdrücke an den Paketen – stimmten mit den registrierten Spuren von Manfred L. überein!

Wir hatten wieder einmal einen Kriminalfall gelöst, zu dem zunächst keinerlei Täterhinweise vorlagen. Insgeheim war ich meinem Kollegen »Freddi« G. für seine spontane Bemerkung im Rahmen unserer Dienstberatung dankbar. Wer weiß, ob mir die Person Manfred L. sonst als eventueller Täter in den Sinn gekommen wäre?

Bei der Kriminalpolizei in der Inspektion war man jedenfalls sehr erstaunt, wie wir, ohne konkreten Hinweis, so schnell den Täter ermitteln konnten. Tja, eine pauschale Bemerkung und ein gutes Gedächtnis können manchmal im Berufsleben eines Kriminalisten zum Erfolg führen.

Ein seltener Fall in der Kriminalistik – Duplizität krimineller Handlungen

Zu diesem Kriminalfall gehört folgende Episode:

Anfang des Jahres 1977 bekam ich Besuch von Oberleutnant Werner H. von der Inspektion Prenzlauer Berg. Er fragte mich: »Hattet ihr voriges Jahr im Dezember einen Einbruch in das Pfarrhaus Johannes-R.-Becher-Straße?

»Ja, Werner, hatten wir – aber den Täter haben wir noch im Dezember ermittelt.«

»Kann nicht sein, der Täter sitzt bei uns im Auto auf dem Hof. Wir fahren mit ihm gerade die Tatorte ab, in denen er Einbrüche begangen hat – und dazu gehört auch euer Gemeindehaus!«

»Werner, lass mich mal kurz mit ihm sprechen.«

»Klar, kannst du.«

Ich begab mich auf den Hof unserer Inspektion und stieg zu dem Festgenommenen in das Auto. Nach dem kurzen Gespräch war klar: Hier hatten zwei Einbrecher, die sich nicht kannten, kurz hintereinander denselben Plan. Nachdem »unser« Manfred L. den Tatort verlassen hatte und der Sohn des Pfarrers zu seinem Vater gerannt war, stieg der zweite Einbrecher über die Leiter in das Pfarrhaus ein! Er hatte den Einbruch von Manfred L. nicht bemerkt. Durch die dann plötzlich vom Pfarrer K. verursachten Geräusche verließ er fluchtartig das Haus. Er beteuerte gegenüber der Prenzlauer Berger Kriminalpolizei immer wieder, aus dem Pfarrhaus nichts gestohlen zu haben. Stimmte ja auch. Manfred L. hatte kurz zuvor richtig abgeräumt.

Diese Geschichte war für uns alle ein Beweis: In der Kriminalistik gibt es nichts, was es nicht doch gibt!!!

Über das weitere Schicksal von Manfred L. ist mir leider nichts bekannt.
Ich hatte nie wieder mit ihm zu tun.

Der verräterische Ring

Egon hatte die Schnauze voll. »Eine Scheißhitze heute«, murmelte der 33-jährige Hilfsschlosser von der Baustelle in der Schönhauser Allee. Das kann ich nur im Schwimmbad aushalten, entschied er und legte den Hammer zur Seite. Kurzentschlossen meldete er sich bei seinem Vorarbeiter krank. Magenschmerzen habe er. Wahrscheinlich war es der Kartoffelsalat von gestern Abend. Sein Vorgesetzter glaubte ihm zwar nicht, aber was sollte er machen? Also wünschte er Egon gute Besserung und schnappte sich ein Bier, das fast ebenso warm war wie die Außentemperatur. *33 Grad im Schatten. Wenn das so weitergeht, bekomme ich auch noch Magenschmerzen und melde mich krank. Und im Schwimmbad treffe ich dann wahrscheinlich Egon.* Der Gedanke amüsierte ihn. Dann goss er das warme Bier in den Sand.

Den ganzen Tag über Sonne und Hitze. Eigentlich ein toller Sommertag. Doch im Häusermeer von Prenzlauer Berg kaum auszuhalten. Natürlich kam es darauf an, wie der Arbeitsplatz beschaffen war, ob man die Möglichkeit hatte, irgendwo ein schattiges Plätzchen zu finden oder gar einen Platz im Freibad Pankow oder an einem der Seen im S-Bahn-Bereich.

Egon war kurz nach Hause gelaufen und jetzt mit Badehose und Handtuch in Richtung Freibad unterwegs. Die Vorstellung, sich ins Wasser zu werfen, gefiel ihm immer mehr. Am Kiosk kaufte er eine rote Brause, eine Packung *Cabinet* und eine Tüte *Russisch Brot*. Dann schaute er sich die knapp bekleideten Mädchen an und träumte davon, mit einer von ihnen anzubändeln. Egon war attraktiv, nicht auf den Mund gefallen, und mit seinen lockeren Sprüchen kam er immer gut an.

Zur gleichen Zeit verließ die zwanzigjährige Studentin Christel P. die Humboldt-Universität. Sie wollte Lehrerin werden, genau wie ihre Eltern. Obwohl sie ehrgeizig war, hatten ihr heute fünf Stunden Vorlesung gereicht. Die Hitze hatte sie platt gemacht, und sie wollte so schnell wie möglich ins Freibad. Trotz des kurzen Sommerkleides, das ihre Mama für sie nach einer Vorlage aus der *Sibylle* geschneidert hatte, war sie total verschwitzt. Und die Blicke der männlichen Studenten auf ihre schlanken Beine hatten auch nicht gerade für kühlere Gedanken gesorgt. Ganz im Gegenteil. Sie war ungebunden und einem Flirt nicht abgeneigt. Sie wollte endlich wieder einen starken Arm um ihre Schultern fühlen und vielleicht auch ein bisschen mehr. Schließlich war sie jung, aufgeschlossen, neugierig aufs Leben, aber nicht leichtsinnig. Sie schwang sich auf ihr Fahrrad, Marke »Diamant«, und fuhr mit flatterndem Kleidchen Richtung Prenzlauer Berg davon.

Bevor sie ins Bad fuhr, wollte sie noch kurz in ihre Wohnung und kalt duschen. Sie würde das kühle Wasser auf ihrer Haut genießen, danach eine Zigarette rauchen und ein Glas Weißwein (Müller-Thurgau) trinken. Auf keinen Fall durfte sie das Gießen der Geranien auf dem Balkon vergessen. Zwar hatte ihre Freundin versprochen, das für sie zu erledigen, aber da sie nun schon einmal zu Hause war, konnte sie sich auch selbst die Gießkanne schnappen.

Sie fühlte sich in Berlin und an der Uni wohl. Die Tatsache, dass sie eine Anderthalb-Zimmerwohnung mit Bad und Balkon im Prenzlauer Berg bewohnte, war nicht übel. Das kleine Schmuckstück hatte sie über eine Freundin bekommen. Die hatte geheiratet und war mit ihrem Mann nach Gera gezogen. Auch wenn der Stadtbezirk Prenzlauer Berg nicht gerade der feinste war, fühlte sie sich hier wohl. Sie liebte das Geräusch des über das Kopfsteinpflaster ratternden Kohlenwagens, die Kneipe mit ihrem Geruch nach Bier, Schnaps und Kohlsuppe. Hier saß sie oft und schaute den Männern beim Skatspielen zu. Sie hörte sie fluchen, die Karten auf den Tisch knallen und jubeln, wenn ein Grand gewonnen war. Der Blick durch die Fensterscheiben mit der Bierreklame auf den Bäcker- und Fleischerladen war ihr inzwischen so vertraut, als wohne sie schon ewig hier. Sie mochte sogar die lockeren Sprüche und Pfiffe der Bauarbeiter, die ihr zeigten, wie attraktiv sie ist. Sie war auf einem Dorf in Thüringen aufgewachsen, wo es außer einer Dorfkneipe und einem Konsum, nichts weiter gab.

Vom Balkon ihrer Wohnung blickte sie in den Hof. Sie hörte Frau Meier aus dem ersten Stock ihren Teppich klopfen und freute sich über die Kinder, die »Hopse« spielten oder mit bunten Glaskugeln murmelten. Ab 12 Uhr hatte sie immer Sonne. Da konnte sie herrlich entspannen. Sonnenbaden stand oft auf ihrem Programm. Und das am liebsten nackt. Sie wusste, dass sie eine tolle Figur hat. Sie war schlank und zeigte sich gern, wie Gott sie geschaffen hatte. Dass sie von einigen männlichen Nachbarn aus dem Haus gegenüber beobachtet wurde, störte sie nicht. Im Gegenteil: Es machte ihr sogar Spaß, sich zu rekeln und von allen Seiten zu zeigen. Sie war eine hübsche Frau und sah keinen Grund, sich zu verstecken. Allerdings hatte sie im Umgang mit Männern nicht besonders viel Erfahrung, doch einem Flirt war sie nicht abgeneigt.

Nach der kalten Dusche stellte sie sich vor den Spiegel und cremte sich ein. Erst die Füße, dann die Waden und schließlich den ganzen Körper. Dass ihr Rücken zu kurz kam, erinnerte sie wieder einmal daran, dass sie keinen Freund hatte, der das übernehmen konnte.

Danach Zigarette und Weißwein. Um 19 Uhr war sie mit Gisela und Rainer, zwei befreundeten Kommilitonen, verabredet. Sie waren in derselben Arbeitsgruppe und hatten sich im Laufe des Studiums angefreundet. Doch es war noch nicht einmal 15 Uhr, also noch genügend Zeit, bis sie ihre Freunde treffen würde. Fürs Sonnenbaden auf dem Balkon war es ihr heute zu heiß. Also ab ins Bad und ein schattiges Plätzchen suchen.

Einen Platz unter einem Baum zu finden, war nicht einfach. Die Wiese war gerammelt voll. Gefühlt eine Million Kinder rannten herum, lachten und kreischten wie die Irren. Doch nach langem Suchen fand Christel einen Platz, breitete ihr Handtuch aus und schlüpfte aus Hose und T-Shirt. Der junge Typ neben ihr lächelte. Sie lächelte zurück. Er bot ihr eine Zigarette an und ließ sie in die Tüte Russisch Brot greifen.

Er hatte sie sofort erkannt. Es war die süße Kleine aus dem Haus gegenüber. Dass er sie schon mehrmals nackt auf dem Balkon gesehen hatte, verschwieg er. Auch sie erkannte ihn und schwieg ebenfalls.

Die Stunden vergingen wie im Flug. Egon erzählte viel Interessantes, und Christel hörte ihm gern zu. Er hatte eine angenehme Stimme, und seine Blicke sagten ihr, dass er vielleicht der Mann sein könnte, der ihr in Zukunft den

Rücken eincremen würde. Als er sich mit ihr für den Abend verabreden wollte, sagte sie nein. Sie sei bereits mit einer Freundin und ihrem Freund verabredet. Als sie Egons enttäuschtes Gesicht sah, vertröstete sie ihn auf den nächsten Tag.

Eine Viertelstunde vor der mit Gisela und Rainer verabredeten Zeit betrat Christel das *Wiener Café* in der Schönhauser Allee. Auch heute sollten ein Geigenvirtuose und ein Klavierspieler die Gäste unterhalten. Christel war gern dort und liebte diese Art »Live-Musik«. Besonders den Akkordeonspieler mit seinen romantischen Liedern, der ebenfalls ab und zu im *Wiener Café* auftrat. Doch den hatte sie schon seit Wochen nicht mehr erlebt.

Wie üblich kamen ihre Freunde auch heute zu spät. Zwar nur zehn Minuten, aber Christel verstand nicht, wie man so pünktlich unpünktlich sein konnte. Sie umarmten sich, lachten und redeten über alles Mögliche. Über das Studium, die Hitze und über die politische Weltlage. Dann erzählte Christel von ihrer Begegnung mit dem Nachbar im Schwimmbad, dass sie ihn sehr attraktiv fand und sich mit ihm für morgen Abend verabredet habe. Kurz darauf tauchte ein weiterer Kommilitone auf und setzte sich zu ihnen. Als Rainer und er die aktuellen Sportereignisse ins Gespräch brachten, verdrehten beide Mädels gelangweilt ihre Augen. Es war ein gemütlicher Abend. Und als der Geiger an ihren Tisch kam und einen langsamen Walzer spielte, bekam Christel feuchte Augen.

Angeheitert verließen die vier gegen 23 Uhr das Café. Noch immer war es warm, und das Quartett überlegte kurz, ob sie noch zum Weißensee fahren und nackt ins Wasser springen sollten. Doch Christel war müde und wollte ins Bett. Gisela und Rainer verschwanden Richtung S-Bahnhof Schönhauser Allee und Peter, der hinzugekommene Student, in Richtung U-Bahnhof Dimitroffstraße, heute U-Bahnhof Eberswalder Straße.

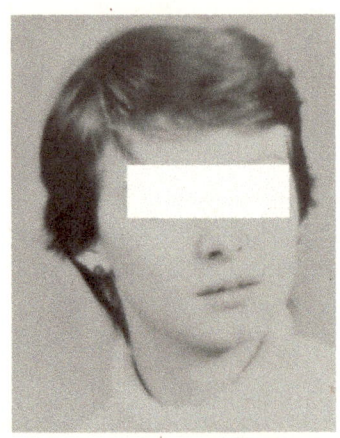

Christel P.: Foto von ihrem Studentenausweis

Hinterhaus Prenzlauer Berg

Am nächsten Tag, Prenzlauer Berg, Rykestraße, Altbauwohnung

Gegen 12 Uhr geht die 24-jährige Ingrid M., Mieterin im Haus Rykestraße, in die Wohnung von Christel P. in der zweiten Etage. Sie wohnt zwei Stockwerke über Christel und ist mit der Studentin befreundet. Sie treffen sich oft, einmal in der einen, einmal in der anderen Wohnung. Bei einer Flasche Wein quatschen sie über Arbeit, Studium und natürlich auch über die Männer. Beide Frauen sind Singles und auf der Suche nach einem Freund. Seit einer Woche hat die Krankenschwester Ingrid M. auch Christels Wohnungsschlüssel und versprochen, während der Hitze die Blumen zu gießen. Für sie kein Problem, sie hat eine Woche Nachtschicht im Krankenhaus Prenzlauer Berg und somit tagsüber Zeit.

Ingrid M. geht davon aus, dass ihre Freundin in der Bibliothek der Humboldt-Uni für die Zwischenprüfung lernt. An der Wohnungstür angekommen, merkt sie, dass sie den Schlüssel auf ihrem Küchentisch liegengelassen hat. »Mist«, flucht sie, noch einmal zwei Treppen hoch und das bei der Affenhitze. Aber versprochen ist versprochen.

Fünf Minuten später öffnet sie die Wohnungstür im zweiten Stock und stolpert beim Betreten des Flurs über einen dort liegenden Gegenstand. Ein Schrei hallte durchs Haus, die Mieter, die zu Hause sind, reißen erschrocken die Wohnungstüren auf. Wenig später sehen sie, was Ingrids Schrei ausgelöst hat: Leblos und verkrümmt liegt Christel P. auf den Dielen im Wohnungsflur.

Ingrid erkennt sofort: Ihre Freundin ist tot. Dennoch versucht die Krankenschwester, sie wiederzubeleben.

Aber nach wenigen Minuten gibt sie erfolglos auf. Als sich ein besonders neugieriger Mieter aus der ersten Etage in die Wohnung drängen will, schubste sie ihn unsanft zurück.

Obwohl Ingrid zunächst vom Anblick der Toten geschockt war, handelte sie professionell, denn die Situation sah für sie unnatürlich aus. *Hier ist etwas faul*, dachte sie. Vorsichtig verschloss sie die Tür und rannte in den vierten Stock hinauf, zur Witwe Margarete W., die einzige Mieterin im Haus mit Telefon. Zum Glück war die alte Dame da. Außer Atem und aufgeregt verständigte Ingrid M. die 73-Jährige über das Geschehene und rief dann über 110 Polizei und Rettungswagen.

Zehn Minuten später erreichte ein Funkwagen der Polizeiinspektion Prenzlauer Berg die Rykestraße. Ingrid M. erwartete die beiden Streifenpolizisten bereits vor der Wohnung des Opfers. Kurz und bündig erklärte sie ihnen den Sachverhalt. Um nichts falsch zu machen, warteten die Polizisten auf dem Treppenabsatz noch auf den Rettungswagen. Wenige Augenblicke später war auch der vor Ort.

Als Erster betrat der Rettungsarzt die Wohnung des Opfers. Routinemäßig überprüfte er die Todesanzeichen am Körper. Nach kurzer Untersuchung schüttelte er den Kopf, was so viel wie »nichts mehr zu machen« bedeutete. Der Notarzt stellte aber nicht nur offiziell den Tod von Christel P. fest, sondern entdeckte am Hals der Toten auch eindeutige Spuren von Gewalteinwirkung. Nach seinen Feststellungen musste von einem Gewaltverbrechen ausgegangen werden. Dementsprechend schrieb er den Totenschein aus: Unnatürlicher Tod.

Dass es sich eindeutig um die Mieterin der Wohnung handelte, bestätigte Ingrid M. gegenüber den beiden Polizisten. Dann fing sie an, hemmungslos zu heulen. Erst als einer der Uniformierten sie in die Arme nahm, beruhigte sich die Krankenschwester.

Totenschein, Seite 1 (oben) und Seite 2

Die beiden Polizisten der Funkwagenstaffel arbeiteten, wie sie es in der Ausbildung gelernt hatten: Über Funk verständigten sie die Kriminalpolizei der VP-Inspektion Prenzlauer Berg und sperrten den Tatort, um jegliche Veränderungen zu verhindern. Fünfzehn Minuten später erschien Oberleutnant (Oberkommissar) Werner H. mit einem Kriminaltechniker.

Er begrüßte die beiden Schutzpolizisten, den Rettungsarzt, Ingrid M. und auch die Witwe aus dem vierten Stock, die es allein in ihrer Wohnung nicht mehr ausgehalten hatte. Und das nicht aus Neugier, son-

Haus Rykestraße

dern aus ehrlicher Anteilnahme und Bestürzung. *Was so alles im Haus passiert*, dachte sie, *und die Presse berichtet darüber bestimmt nicht.* Keine falsche Einschätzung, denn zur damaligen Zeit waren Pressemitteilungen oder sonstige Öffentlichkeitsarbeit bezüglich stattgefundener Verbrechen sehr selten. Zumeist fand die Information und Einbeziehung der Bevölkerung über gedruckte Handzettel im unmittelbaren oder näheren Tatortbereich statt. Das allerdings oft mit Erfolg und guten Hinweisen für die Kriminalpolizei.

Nachdem sich Oberleutnant H. einen Überblick verschafft hatte, war ihm klar, dass er umgehend die Morduntersuchungskommission (MUK) des Präsidiums am Alexanderplatz verständigen musste.

Inzwischen war es 14 Uhr, die MUK traf am Tatort ein: Hauptmann (Kriminalhauptkommissar) R., Leutnant Bernd B. und der Kriminaltechniker Oberleutnant Heinz W.; alle, bis auf den frisch von der Universität gekommenen Bernd B., waren langjährige und erfahrene Kriminalisten.

Gemeinsam mit dem Kriminaltechniker begann Heinz W. mit der Spurensuche. Das hieß: Fotografieren der Leiche, danach Durchsuchen der Wohnung, Zimmer für Zimmer, und, nicht vergessen: Sicherung der Schuhabdrücke aller Personen, die sich im Wohnungsflur aufgehalten hatten. Dazu zählten Ingrid M, der Rettungsarzt und die beiden Schutzpolizisten.

Kurz darauf traf der Rechtsmediziner Dr. Gunther G. vom Institut für Rechtsmedizin der Humboldt-Universität ein. Nach einem kurzen Austausch mit dem Rettungsarzt übernahm er die Untersuchung der Leiche. Danach

Institut für Rechtsmedizin

ließ er die Tote ins Leichenschauhaus in die Hannoversche Straße bringen. Wie stets bei unnatürlichen Todesfällen (Unfall, Suizid, Mord) musste eine gerichtlich angeordnete Obduktion der Leiche erfolgen.

Ohne das Ergebnis der Obduktion abzuwarten, teilte Dr. Gunther G. den Kollegen der MUK vorab seine ersten Eindrücke mit: Christel P. wurde erwürgt! Fachlich ausgedrückt: Es erfolgte die Kompression des Halses ohne Strangwerkzeug mit den Händen.

Die noch am Tatort von Dr. G. festgestellten typischen Würgemale wie Hautunterblutungen, Kratzer, Hautvertrocknungen und Nägeleindrücke in der Halshaut wurden kurze Zeit später bei der Obduktion im Institut bestätigt. Aus juristischer und kriminalistischer Sicht ein Mord. Auf Nachfrage des MUK-Leiters gab Dr. G. als Todeszeitpunkt fünf bis acht Stunden vor Auffinden an. Eine präzisere Aussage wäre erst nach der Obduktion möglich.

Am Tatort herrschte reger Betrieb. Jeder war im vollen Einsatz, und jeder hatte seine Aufgabe. Vorrang hatte die Spurensicherung in der Wohnung der Ermordeten. Hier wurden insbesondere der Flur und der unmittelbare Fundort der Leiche akribisch untersucht. Danach gingen die Kriminaltechniker in jeder Ecke der Wohnung auf Spurensuche. Ihnen durfte nichts entgehen, was im Zusammenhang mit dem Mord stehen könnte.

Es gab viel zu tun, und so wurden drei weitere Kriminalisten der Inspektion Prenzlauer Berg zur Unterstützung der Ermittlungen im Tathaus und in der Umgebung angefordert. Weiterhin forderte der Leiter der MUK, den für den Tatort zuständigen ABV in die Ermittlungen einzubeziehen und umgehend in die Rykestraße zu kommandieren.

Gegen 19 Uhr traf sich die Einsatzgruppe zu einer kurzen Besprechung in der Wohnung der Witwe W. Sie stellte den Kriminalisten freundlicherweise ihr Wohnzimmer zur Verfügung und kochte für alle Tee. Nach der Besprechung klingelten zwei Kollegen an den Wohnungstüren der Mieter, um sie zu befragen. Sechs Personen waren nicht zu Hause, sondern beruflich unterwegs oder verreist. Die Befragungen wurden gegen 22 Uhr abgebrochen. Zum Abschluss der Lagebesprechung wurden der nächste Termin und Ort festgelegt: 23 Uhr im Konferenzraum im Präsidium am Alexanderplatz.

Präsidium der Volkspolizei Berlin, Alexanderplatz, Konferenzraum

Nachdem alle platzgenommen hatten, sagte der Einsatzleiter scherzhaft, das Buffet wäre eröffnet. Damit meinte er die zwei Schalen Kekse und vier Kannen Kaffee, die auf dem Tisch standen. Wo er das alles hergezaubert hatte, blieb ein Rätsel.

Dann fasste Hauptmann R. die ersten Ergebnisse zusammen. Dabei nahm er die Notizen zu Hilfe, die er sich im Laufe der letzten Stunden gemacht hatte: »Ja, Kollegen, vor uns steht eine schwere Aufgabe. Wir haben bisher keinen konkreten Täterhinweis ermitteln können. Natürlich stehen wir erst am Anfang der Ermittlungen, aber ihr wisst ja, die ersten 24 Stunden nach einem Verbrechen sind für uns immer die wichtigsten. Die Spurensicherung ist noch lange nicht abgeschlossen. Ich habe weitere Kriminaltechniker vom KI (Kriminalistisches Institut) angefordert. Biologen vom KI sind momentan in der Hannoverschen Straße und untersuchen die Bekleidung des Opfers. Das Motiv des Täters, denn vieles spricht für eine männliche Person, ist unklar. Es gibt auch keine Anhaltspunkte für ein Sexualdelikt. Eventuell ein Raubmord? Der Zustand der Wohnung gibt dazu momentan allerdings keinen Anlass. Wir brauchen unbedingt mehr Einzelheiten über das Umfeld und das Leben des Opfers. Also müssen wir uns besonders auf folgende Fragen konzentrieren: Besaß sie Wertgegenstände? Bargeld? Wer hatte engeren Kontakt zu ihr? Hatte sie Streit oder wurde sie bedroht oder belästigt? Mit anderen Worten: Die gesamten Lebensumstände von Christel P. sind wichtig. Alles sind noch ungeklärte Fragen.«

Dann verteilte er die Aufgaben für den nächsten Tag: »Leutnant Bernd B. wird mit Unterstützung eines Kollegen der Inspektion Prenzlauer Berg die Ermittlungen in der Humboldt-Universität durchführen und danach die Zeugin Ingrid M. befragen. Schwerpunkt ist dabei die Feststellung von Kontaktpersonen des Opfers. Das heißt, sie werden mit den Professoren, dem Sekretariat und den Mitstudenten sprechen. Natürlich auch Informationen zum gesamten Verhalten des Opfers, ihrer Vermögenssituation und natürlich auch über ihr Verhalten Männern gegenüber. Die bereits begonnenen Befragungen sämtlicher Mieter des Hauses werden noch heute weitergeführt. Wir können uns hierbei keinen

Zeitverlust leisten. Morgen wäre die Chance verpasst, eventuelle Zeugen zeitnah zu ermitteln. Dafür sind die Kollegen der Inspektion und der zuständige ABV verantwortlich. So, meine Herren, haben alle ihre Aufgaben verstanden?«

Eine kurze, aber präzise Rede, notwendig, um keine Zeit zu verlieren. Ab jetzt kannte jeder seine Aufgaben.

Ehemalige
VP-Inspektion
Prenzlauer Berg

Erster Tag nach dem Verbrechen

Zusätzlich zu ihren eigenen Diensträumen im Polizeipräsidium am Alexanderplatz standen den Mitarbeitern der MUK in der VP-Inspektion Prenzlauer Berg drei Büroräume zur Verfügung. Die Einsatzgruppe der sogenannten Erweiterten Morduntersuchungskommission leitete Hauptmann R. Sie bestand aus acht Mitarbeitern. Vier gehörten der MUK an, vier der Inspektion Prenzlauer Berg.

Leider hatte die MUK zu dieser Zeit zwei weitere Mordfälle in Bearbeitung: eine erdrosselte Rentnerin in einem Hinterhaus in der Schönhauser Allee und einen erstochenen Mann aus der Schwulenszene. Die Kommission hatte also ausreichend zu tun.

Zur bestehenden Einsatzgruppe kam Hauptmann Manfred D. hinzu, ein sogenannter Auswerter. Er war ein Ass auf seinem Gebiet, und die MUK war froh, dass er bei ihnen mitarbeitete. Bei aller Bedeutung jeder einzelnen Funktion in der Gruppe (Kriminaltechniker, Ermittler, Vernehmer) war die des Auswerters besonders wichtig. Über seinen Schreibtisch liefen alle Informationen zur Tat. Er hielt damit alle Fäden in der Hand: Tatortbefundbericht, Ergebnisse der Spurensicherung und ihre Auswertung, auch die Hinweise auf Tatverdächtige und Zeugen sowie die Analyse der schriftlich vorliegenden Vernehmungen. Er war der Verantwortliche, der den Einsatzleiter ständig über die neuesten Ergebnisse informierte.

Die ersten Ermittlungsergebnisse lagen bereits am Nachmittag des Mordtages auf dem Schreibtisch des Untersuchungsführers. Somit konnte er schon sehr früh die wichtigsten Aufgaben für die nächsten Tage festlegen und verteilen. Allerdings waren die ersten Ergebnisse nicht besonders berauschend und ließen ahnen, dass eine schnelle Aufklärung nicht zu erwarten war. Erfahrene Ermittler haben dafür den richtigen Riecher. Selbst die Vernehmung von Ingrid M. erbrachte keinen konkreten Hinweis.

Leutnant Bernd B. konzentrierte sich auf die höchst unwahrscheinliche Version, dass eventuell doch ein Raubmord vorliegen könnte. Weil ihm diese Idee keine Ruhe ließ, bat er Ingrid M. zwei Tage nach dem Mord mit ihm gemeinsam die Wohnung ihrer Freundin aufzusuchen. Für ihn war es nicht das erste Mal, dass er gemeinsam mit

Zeugen direkt an einem Mordtatort ermittelte. Eigentlich eine Routineangelegenheit.

Als er sich gegen 9 Uhr mit ihr traf und die Wohnungstür ihrer Freundin aufschloss, spürte er sofort ihr Unbehagen. Ihr erster Schritt in den Flur war so zögerlich, dass er dachte, sie wolle auf der Stelle wieder umkehren. Später erzählte er seinen Kollegen, dass Ingrid M. einen Augenblick stehen blieb, ihn mit nassen Augen anschaute und sagte: »Mein Gott, ich kann es immer noch nicht glauben. Hier wurde eine gute Freundin ermordet, mit der ich viel gelacht und Freude hatte. Wir hatten keine Geheimnisse voreinander. Wie sinnlos ist das alles? Und der Täter läuft noch frei herum. Wer weiß, wen er vielleicht noch tötet.«

Bernd B. nahm sie daraufhin ganz unprofessionell in die Arme und tröstete sie. Auch den Kollegen war klar: Mit dem Mord an ihrer Freundin musste die Zeugin erst einmal klarkommen. Die junge Frau war trotzdem fest entschlossen, die polizeilichen Ermittlungen, so gut sie konnte, zu unterstützen.

Jeder Tatort hat seine Besonderheiten: Die Umgebung, Wohnung, Keller, Wald, Straße haben ihre eigene, unverwechselbare Atmosphäre. Das gilt auch für Orte, an denen kein Mord geschah. Der Tatort, egal welches Delikt vorliegt, ist immer eine der wichtigsten Informationsquellen und damit eine Herausforderung für die Kriminalisten. Es gibt Fälle, da kann man schon am Tatort in die Seele des Täters blicken, wissen erfahrene Ermittler. Das liest sich wie aus einem überspannten Krimi, ist aber eine Tatsache. Woher das kommt? Keine Ahnung. Obwohl der Autor es selbst mehrmals erlebt hat, ist die Erklärung schwierig.

Zurück zur Rykestraße. Nach der Tatortbegehung lud Ingrid M. den Leutnant zu sich in die Wohnung ein. Sie wäre zu erschöpft, um jetzt noch ins Präsidium zu fahren. Das war ihm recht, denn aus Erfahrung wusste er, dass sich Zeugen in ihrer gewohnten Umgebung sicherer fühlen als in einem kahlen Büro. Außerdem war Frau M. eine attraktive Frau mit einem charmanten Lächeln. Während sie ihm ein Glas Mineralwasser aus der Küche holte, setzte er sich auf das Sofa und schaute sich um. Kein Fernseher, dafür aber ein Radio »Rostock 493« in Gelb. Das gleiche Modell stand auch in seiner Junggesellenbude in Pankow. Hatte 198 Mark gekostet. Ziemlich viel für sein Gehalt. Dann konzentrierte er sich auf die Fragen, die er klären wollte.

Als Bernd B. nach den Vermögensverhältnissen ihrer Freundin fragte, schüttelte Ingrid M. den Kopf. Sie sei sicher, dass Christel nicht über größere Mengen Bargeld verfügte. Solange sie sich kannten, war sie immer knapp bei Kasse gewesen. Im Gegenteil: Sie habe ihr manchmal sogar Geld geliehen. Kleinere, aber auch größere Summen. Einmal sogar 800 Mark. Dafür hatte sich Christel im *Exquisit* eine moderne Lederjacke gekauft. Innerhalb von zwei Monaten habe Christel ihr das Geld zurückgezahlt. Sie erzählte, dass sie von ihren Eltern sowie Tante und Onkel aus Thüringen finanziell unterstützt wurde. Manchmal habe sie ihr auch kleinere Geldbeträge geschenkt, zum Beispiel wenn sie gemeinsam in einem Café oder Restaurant essen waren. Ab und zu auch kleinere Beträge für *Rewatex*, wenn sie ein Kleid aus der Reinigung holen wollte. M. erzählte, dass sie ihrer Freundin ein- oder zweimal vorgeschlagen habe, wie sie sparsamer mit ihrem Geld umgehen könne. Doch sie habe nur gelacht und gemeint, irgendwie kriege sie es immer hin.

Aufgrund der schlechten finanziellen Situation von Christel P. schien Leutnant B. die nächste Frage ziemlich sinnlos. Doch der Vollständigkeit halber fragte er trotzdem, ob sie Schmuck geliebt oder welchen besessen habe. Zu seinem Erstaunen nickte M. und erzählte von einem goldenen Ring mit einem roten Stein. Sie glaube, es wäre Koralle gewesen. Der Ring sei ein echter Hingucker, und jedermann habe ihn bewundert. Sie habe ihn jeden Tag getragen. Sie könne natürlich nicht sagen, ob sie den Ring am Mordtag am Finger hatte. Entschuldigend zuckte sie mit den Schultern. Sie war viel zu aufgeregt gewesen, um darauf zu achten. Leutnant B. versicherte ihr, sie müsse sich doch nicht entschuldigen. Schließlich habe sie ihre beste Freundin tot aufgefunden.

Nachdem sie von dem Ring erzählt hatte, schwieg M. eine Zeitlang. Eine Situation, die viele Ermittler kennen. Die Zeugen haben etwas im Kopf, das sie im Moment aber nicht einordnen können. Dann machte es bei der jungen Frau klick und ihr fielen noch andere Schmuckgegenstände ein, die Christel besaß. Sie seien aber nicht wertvoll, sagte sie. Christel habe ihr erzählt, sie wären ein Andenken an eine Schulfreundin, die bei einem Verkehrsunfall ums Leben gekommen sei. Ingrid M. hatte den Schmuck nur einmal kurz gesehen und konnte ihn deshalb nicht gut beschreiben. Als der Leutnant nachhakte, stand sie auf und schlug vor, noch einmal in die Wohnung zurückzugehen. Sie wisse, wo Christel ihren Schmuck aufbewahrte: im Wohnzimmer, in einer der Schubladen in dem großen Schrank neben dem Fenster. »Wollen wir mal nachschauen?«

»Gute Idee«, erwiderte der Ermittler, »aber stopp, erst mal muss ich telefonieren.«

Leutnant B. klingelte bei der freundlichen Witwe und bat sie, das Telefon benutzen zu dürfen. Er telefonierte mit dem Auswerter im Präsidium. Wie erwartet erhielt er von Manfred D. die Antwort auf seine Frage: »Die Kriminaltechniker haben den großen, fast historisch anmutenden Wohnzimmerschrank nach Fingerabdrücken untersucht, diese bereits ausgewertet und weder Fremdspuren noch Schmuck gefunden.«

Nach dem Telefonat ging er mit Ingrid M. in die Tatwohnung. Auch diesmal zauderte sie beim Eintreten. Leutnant B. ließ ihr die Zeit, die sie brauchte, um sich wieder zu fangen. Ein leichter Parfumgeruch schwebte noch immer durch die Räume und erinnerte an die Frau, die hier gelacht und vielleicht auch geliebt hatte.

Gemeinsam mit Ingrid M. öffnete er die Türen des Wohnzimmerschranks. Nacheinander zog er jedes einzelne Fach auf. Nirgendwo ein Schmuckstück. Ingrid M. war erstaunt und meinte, das könne nicht sein und sie fände es reichlich merkwürdig. Schließlich habe sie die Schmuckstücke doch mit eigenen Augen gesehen. Für Leutnant B. schien nun der Verdacht eines Raubmordes nicht mehr so unwahrscheinlich. Er bedankte sich, brachte die Zeugin noch bis zu ihrer Wohnungstür und versprach, am nächsten Tag noch einmal bei ihr vorbeizuschauen.

Im Präsidium angekommen, ging er sofort in das Büro des MUK-Leiters und berichtete das Ergebnis seiner

Ermittlungen. Beide ahnten, das könnte die Untersuchungsrichtung völlig ändern. Aber noch etwas fiel dem MUK-Leiter auf: Leutnant B. lächelte die ganze Zeit vor sich hin. Auf seine Frage: »Bist du verliebt?«, grinste er und schloss die Tür hinter sich.

Präsidium der Volkspolizei Berlin, Alexanderplatz

Gegen 17 Uhr traf sich die Einsatzgruppe »Mordsache Rykestraße« zum Gedankenaustausch im Konferenzzimmer der Kriminalpolizei. Bernd B. hatte die Aufgabe, seine Kollegen zu informieren. Es gab viel zu analysieren, und das geht am besten im Kollektiv (heute: Team).

Die Luft war stickig. Irgendjemand hatte wieder einmal vergessen, das Fenster aufzumachen, zu lüften und hinterher die Vorhänge zuzuziehen, damit die Sonne nicht brutal ins Zimmer knallt. Kaffee und Kekse gab es diesmal keine. Als alle acht, einer fehlte, Platz genommen hatten, informierte der MUK-Leiter sie über den aktuellen Stand der Ermittlungen. Dann berichtete Leutnant Bernd B. seinen Kollegen die Sache mit dem verschwundenen Schmuck. Das führte zu einer hitzigen Diskussion. Die Ermittler fingen an zu spekulieren. Heute heißt das neumodisch: Brainstorming.

War es ein Raubmord? Hatte der Täter eventuell einen Raubmord nur vorgetäuscht? Könnten nicht auch Emotionen das entscheidende Motiv sein? Vielleicht Mord aus Eifersucht? Oder schlicht und einfach nur die Ausnutzung der Situation: Das Opfer ist tot, der Täter durchsucht ungestört die Wohnung und verschwindet mit dem Schmuck.

Oder war es ein Einbruch, bei dem der Täter überrascht wurde und in Panik tötete. Das ist nicht selten. Der Einbrecher tötet das Opfer, um nicht identifiziert zu werden. Derartiges Handeln wird als Verdeckungsmord bezeichnet.

Noch vor der Beratung hatte Bernd B. die Zeugin M. gebeten, einem Phantombildzeichner die fehlenden Schmuckstücke zu beschreiben. Vier Stunden arbeiteten sie und der Zeichner an den Bildern. Kurz vor Ende der Beratung stürmte er in das Konferenzzimmer und präsentiert dem Einsatzleiter stolz seine Ergebnisse. Derselbe und alle anderen waren begeistert. Auf den ersten Blick waren die Zeichnungen kaum von Fotografien zu unterscheiden. Vor allem das Bild des goldfarbenen Rings mit der Koralle schien für Fahndungszwecke gut geeignet. Ebenso eine goldfarbene, feingliedrige Halskette mit goldfarbenem Ehering, in dessen Mitte sich ein Elefant aus Elfenbein befand. Nur eine Korrektur musste im Anschluss noch durchgeführt werden: Zeugin M. war sich nicht mehr sicher, ob der Rüssel aufwärts oder nach unten gerichtet war. Das war allerdings für die Fahndung nicht von entscheidender Bedeutung.

Der Einsatzleiter ordnete umgehend an, die Zeichnungen für das zuständige Dezernat für Personen- und Sachfahndungen zu kopieren. Im Dezernat V wurden alle Informationen für die Polizeidienststellen im Bereich von Ostberlin vorbereitet. Wenig später wurde die Fahndungsinformation an alle Dienststellen der Kriminalpolizei verteilt.

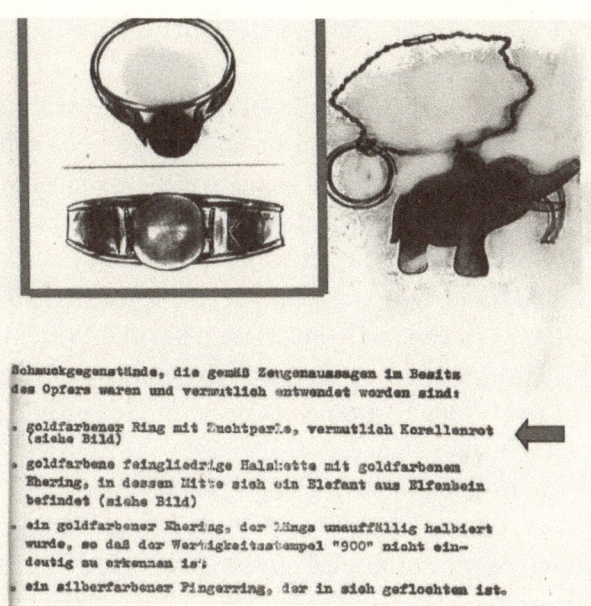

Schmuckgegenstände, die gemäß Zeugenaussagen im Besitz des Opfers waren und vermutlich entwendet worden sind:

- goldfarbener Ring mit Zuchtperle, vermutlich Korallenrot (siehe Bild)

- goldfarbene feingliedrige Halskette mit goldfarbenem Ehering, in dessen Mitte sich ein Elefant aus Elfenbein befindet (siehe Bild)

- ein goldfarbener Ehering, der längs unauffällig halbiert wurde, so daß der Wertigkeitsstempel "900" nicht eindeutig zu erkennen ist;

- ein silberfarbener Fingerring, der in sich geflochten ist.

Fahndungsblatt: Schmuck des Opfers

Nun war die Hoffnung groß, dass jeder Polizist zwischen Rügen und Suhl ein Auge – oder besser noch beide Augen – darauf werfen würde. Die Einsatzgruppe wurde immer optimistischer. Das lag vor allem an den Ergebnissen der guten Zusammenarbeit zwischen den Kriminaltechnikern, den Spezialisten des KI und den Mitarbeitern der Rechtsmedizin. Denn bei zwei am Tatort gesicherten Zigarettenkippen wurden im Labor Speichelspuren gefunden. Dabei handelte es sich um die Zigarettensorte *Reval ohne Filter*. Eine Marke aus der BRD. Eine Speichelspur war eindeutig dem Opfer zuzuordnen, die zweite erwies sich als Fremdspur und war für die Kriminalisten die interessantere – sie konnte vom Täter stammen. Der fremde Raucher hatte die Blutgruppe B.

Das Interessante an diesem Zigarettenrest war, dass Opfer und Täter gemeinsam an der *Reval* gezogen hatten. Das bedeutete, dass sie sich kannten und ließ auf eine für das spätere Opfer ungefährliche Situation schließen. Die Wahrscheinlichkeit einer Beziehungstat rückte deutlicher in das Blickfeld.

Auch die Rechtsmediziner hatten bei der Obduktion keine Hinweise auf einen Kampf zwischen Täter und Opfer festgestellt. Es gab keine Abwehrverletzungen, was darauf schließen ließ, dass Christel P. vom Angriff völlig überrascht worden war. Die MUK nahm an, dass der Fundort im Flur darauf hinwies, dass Christel P. im Begriff gewesen war, ihren Besuch an der Wohnungstür zu verabschieden.

Es war zum Mäusemelken. Hier ein *Vielleicht*, da ein *Könnte*. Ständig neue Erkenntnisse. Trotzdem kam man keinen Schritt weiter. Die Einsatzgruppe tagte, redete, verfolgte neue Ideen, stocherte jedoch weiter im Nebel herum.

Zur Unterstützung der Ermittlungsarbeit hatte der

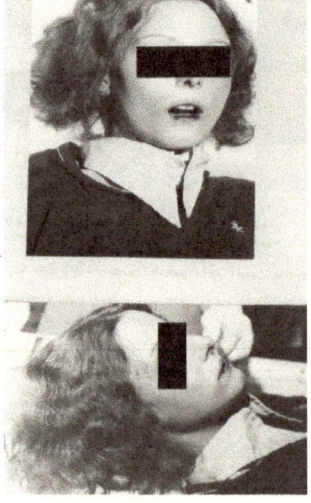

Christel P. nach
erfolgter Leichentoilette

Rechtsmediziner Dr. Gunther G. gleich nach der Obduktion eine Leichentoilette angeordnet. Das hieß, dem Opfer wurden die Augen geschlossen, sie wurde gewaschen und sämtliche Spuren der Gewalt wurden vom Körper entfernt. Anschließend wurde das Gesicht leicht geschminkt, sozusagen Kosmetikbehandlung für eine Leiche. Danach wurde sie fotografiert.

Als der Einsatzleiter am nächsten Morgen zerknittert und unausgeschlafen zum Dienst kam, lagen neue Erkenntnisse auf seinem Schreibtisch. Die Leichenkosmetik hatte ein überraschendes Ergebnis gebracht: Die Kollegen, die am Vortag zu Befragungen von Mietern der Nachbarhäuser unterwegs waren, fanden beim Zeigen des Fotos einen Zeugen. Rudolf B. wohnte mit zwei Kindern und seiner Frau drei Häuser neben dem Opfer. Am 23. August, dem Tattag, konnte der Schlossermeister wegen der drückenden Hitze und Schwüle nicht schlafen und ging auf den Balkon, um zu rauchen. Außerdem ärgerte er sich über das Schnarchen seiner Frau, die allerdings immer der Meinung war, er würde sich das nur einbilden. Der Blick in den Sternenhimmel beruhigte ihn. Während er rauchte, fiel ihm ein junges Pärchen auf, das vor dem Tathaus stand. Zunächst glaubte er, die Frau zu kennen, doch dann war er sich nicht mehr sicher. Die Frau, die er zu kennen glaubte, hatte eine andere Frisur. Das Pärchen verhielt sich nicht besonders auffällig, und er ging ins Schlafzimmer zurück. Seine Frau schnarchte immer noch.

Doch als die Kriminalisten ihm die Fotos von Christel P. zeigten, war er sich ziemlich sicher: Es war die junge Frau aus dem Nachbarhaus. Sie hatte allerdings eine ganz andere Frisur. Das entsprach auch den Tatsachen, die ermittelt wurden.

Eine Woche vor dem Mord hatte sich Christel P. von ihrer Freundin Geld geliehen und war beim Frisör gewesen. Das bestätigte die Zeugin Ingrid M. Christel P. wollte ihren Typ ändern und sah verdammt sexy aus. Sie fand sich nun fraulicher und schicker.

Das bedeutete: Es gab einen Zeugen, der eventuell das Opfer mit dem Täter zusammen vor ihrem Wohnhaus gesehen hatte. Doch eine nochmalige Befragung von Rudolf B. war nicht hilfreich. Er konnte keine detaillierteren Merkmale zu dem fremden Mann nennen. Somit war die Herstellung einer Phantomzeichnung nicht möglich.

Die Zusammenfassung der gesicherten Faserspuren (Fremdspuren) und die Beobachtung des Zeugen B. ergab folgende Beschreibung des Unbekannten:
- circa 25 bis 30 Jahre alt
- circa 175 bis 180 Zentimeter groß (größer als das Opfer)
- dunkle Hose (Faser: Cordhose)
- blauer/blaugrauer Pullover (Faser).

Jetzt war die MUK dem Täter etwas näher gerückt.

Und es gab auch noch die Sonderspur »Peter W.«, der Student, der am Tattag im *Wiener Café* in der Schönhauser Allee zur Gruppe von Christel P. gestoßen war. Welchen Weg benutzte er, als er gemeinsam mit ihr das Café verließ? Laut seiner Aussage unterhielt er sich nach dem Verlassen des Lokals noch ein paar Minuten mit ihr auf der Straße, verabschiedete sich dann von ihr und lief in Richtung Alexanderplatz.

Es war nichts Verdächtiges an seiner Aussage zu erkennen. Doch da erinnerte sich Leutnant Bernd B. an die Aussage der Kommilitonin Gisela über den bewussten Abend. »Ja, ich glaube, Christel fand den Peter sehr nett und sympathisch. Mehr aber auch nicht. Er war so gar nicht ihr Typ. Bei ihm könnte es allerdings anders gewesen sein. Ich habe beobachtet, wie er sie oft lange anschaute und lächelte. Aber ob er wirklich was von ihr wollte, da bin ich mir nicht sicher. In Liebesdingen passiert ja so viel.«

Die MUK wollte aber hundertprozentig sicher sein, nichts übersehen zu haben, und bestellte Peter W. noch einmal ins Präsidium. Er kam pünktlich, machte einen ordentlichen Eindruck und wiederholte seine Aussage. Nach wie vor hatte er aber kein Alibi. Zu einer Blutgruppenbestimmung willigte er sofort ein. Alles in allem ergaben die bisherigen Ermittlungsergebnisse der MUK keinen Verdacht gegen ihn. Im Gegenteil: Peter W. wurde aus dem Kreis der Verdächtigen ausgeschlossen.

Folgende Tatsachen sprachen gegen ihn als Täter:
- die stark abweichende Personenbeschreibung des Zeugen Rudolf B. aus dem Nachbarhaus
- seine Blutgruppe (0).

Letzteres ist entscheidend. Denn am Zigarettenrest wurde Blutgruppe B als vermutliche Täterspur nachgewiesen.

Und wieder war die MUK am Ende der Fahnenstange angelangt. Keine Täterhinweise, verdächtige Personen schon gar nicht. Die üblichen routinemäßigen Überprüfungen von Gewalt- und Sexualtätern aus dem engeren und erweiterten Tatortbereich brachten der Einsatzgruppe ebenfalls kein greifbares Ergebnis. Die Situation war nicht sehr glücklich.

Aus Erfahrung wussten die Mitarbeiter der Einsatzgruppe, dass sich Zeugen bei einer zweiten Befragung an Dinge erinnern, an die sie zuvor nicht gedacht haben. Das beste Beispiel war Inge M., die sich erst ein paar Tage später an die Schmuckstücke ihrer Freundin erinnerte. Also bat die MUK Christels Kommilitonin Gisela noch einmal ins Präsidium. Sie sollte den genauen Ablauf des Abends im *Wiener Café* schildern.

Im Laufe des Gesprächs erinnerte sich Gisela, dass Christel ihr von einem Mann erzählt hatte, den sie nachmittags im Schwimmbad getroffen hatte. Es wäre ein Typ aus dem Nachbarhaus gewesen, den sie schon des Öfteren gesehen habe, wenn sie sich auf dem Balkon sonnte. Im Schwimmbad habe sie auch das Gefühl gehabt, dass er sie wiedererkannt habe. Sie hätten sich für den nächsten Abend verabredet.

Wieder eine neue Spur. Wohin würde sie führen? Zwei Kriminalisten der Einsatzgruppe wurden

Information

Entsprechend den bisherigen Ermittlungsergebnissen, ist auf folgende Fakten zu achten:

- Personen mit blondem Haar
- Personen, die sich in der Zeit von 24.00 Uhr bis 10.00 Uhr des 23. 08. 1980 im Tatortbereich bewegt haben.
- Personen mit Blutgruppe B
- Personen, die dunkle Cordsachen, blaue, blaugraue Pullover, Strickjacken und alle abgeleiteten Bekleidungsgegenstände besitzen.
- Beziehungspersonen zur Geschädigten
- Personen, die Schmucksachen kaufen oder verkaufen oder im Besitz haben, die in Tatzusammenhang stehen
  - goldfarbener Ring mit Zuchtperle, vermutlich rückwallenrot
  - goldfarbene feingliedrige Halskette mit goldfarbenem Ehering, in dessen Mitte sich ein Elefant aus Elfenbein befindet
  - goldfarbene Quarzuhr "Wintron" mit feingliedrigem goldfarbenem Armband, Stempel "Hong Kong" und Sicherheitskettchen, das an einem Ende defekt war und herumstehng
  - ein goldfarbener Ehering, der längs unauffällig halbiert wurde, so daß der Wertstempel 900 nicht eindeutig zu erkennen ist
  - ein silberfarbener Fingerring, der in sich geflochten ist
- Zigarettenraucher der Sorte REVAL (BRD-Erzeugnis)
  - REVAL ist ohne Mundstück
- ein gelbes Gasfeuerzeug aus Plasto, ovaler Querschnitt, mit Nachfülldüse im Boden (Herstellerland = Frankreich mit der Bezeichnung BIC)

Internes Fahndungsblatt

beauftragt, dem Hinweis nachzugehen. Dabei stießen sie recht schnell auf Egon H. Wenig später saß er einem Kriminalisten der MUK gegenüber. Er war sichtlich erschüttert, als man ihm von der Ermordung seiner Nachbarin erzählte. Doch das besagte nichts. Kriminalisten sind schon auf die brutalsten Mörder und Vergewaltiger getroffen, die es fertigbrachten, in Tränen auszubrechen, obwohl sie wenige Stunden zuvor eine grausame Tat begangen hatten. Doch Egon H. hatte ein Alibi. Er hatte die ganze Nacht mit einer jungen Frau verbracht, die er ebenfalls im Schwimmbad getroffen hatte. Wieder eine verheißungsvolle, aber leider falsche Spur!

So vergingen Wochen und Monate. Die MUK konnte in dieser Zeit zwei Mörder ermitteln, und auch ein versuchter und ein voll- endeter Totschlag mit unbekannten Tätern waren von der MUK aktuell in Bearbeitung.

Denn Berlin schläft nie.

Dezember 1980 – Volkspolizeiinspektion Prenzlauer Berg

Noch zwei Wochen, dann war Weihnachten. Mit Lametta und bunten Kugeln behängte Tannen und Fichten sorgten für festliche Stimmung auf den Straßen. Einige Bürger hatten sogar Fenster und Balkone geschmückt. Schutzpolizist Bernhard D. und seine Frau Doris schlenderten ein paarmal über den Weihnachtsmarkt am Alex und stopften sich mit Süßigkeiten voll. Beim Beißen in einen kandierten Apfel wäre ihm fast ein Zahn abgebrochen.

Auf jeden Fall wackelte er so heftig, dass er ein paar Tage nur leichte Kost vertragen konnte. Er mochte Weihnachten, auch im real existierenden Sozialismus war es nach wie vor ein beliebtes kirchliches Fest. Doch der religiöse Charakter wich leider immer mehr dem Kommerz. Die meisten Menschen feierten im engen Familienkreis. Auch bei Bernhard D. saß die ganze Familie unter dem Weihnachtsbaum, den er selbst im Wald geschlagen hatte. Das wäre allerdings fast in die Hose gegangen. Denn kaum hatte er das Ding auf das Autodach geschnürt, kam der Förster vorbei. Mein lieber Scholli, das hätte schwer ins Auge gehen können, wenn er nicht eine Erlaubnis von der Forstverwaltung gehabt hätte …

Auch Hauptwachtmeister Bernhard D. machte sich aktuell seine Gedanken. Kann er die Wünsche seiner zwei Kinder und seiner Ehefrau Doris erfüllen? Er war Schutzpolizist in der VP-Inspektion Prenzlauer Berg und in dieser Woche zur Bewachung der Inspektion eingesetzt, der sogenannten Hauswache. Ihr waren in der Regel drei Schutzpolizisten zugeteilt, die im Zwölf-Stunden-Dienst Wache schoben. Kein gern gemachter Dienst, denn sie waren auch noch für das Unterbringen der Festgenommenen im Gewahrsam zuständig. Dass es dabei oftmals zu handgreiflichen Auseinandersetzungen mit Betrunkenen kam, war keine Seltenheit. In der Regel lief jeweils ein Polizist in den Abend- und Nachtstunden über das Gelände Streife. Um Mitternacht machte sich Bernhard D. auf den Weg.

Die Rückfront der VP-Inspektion Prenzlauer Berg grenzte an den Jüdischen Friedhof in der Schönhauser Allee, ein historischer Ort, der das Ziel vieler Touristen ist. Ein Ort der Besinnung, der von 1824 bis in die 1970er Jahre noch für Bestattungen genutzt wurde und heute unter Denkmalschutz steht. Routinemäßig führte ihn sein Weg über den Kohlenplatz, auf dem Braunkohlebriketts zum Heizen der Dienststelle gelagert wurden.

Rückseite der Polizeidienststelle Prenzlauer Berg

Immer noch mit den Gedanken bei den Weihnachtsgeschenken für seine Familie lief Hauptwachtmeister D. über den Lagerplatz. Er stolperte, konnte sich im letzten Moment jedoch noch auf den Beinen halten. »Scheiße«, grummelte er vor sich hin. Im Mondschein sah er im Dreck etwas blinken. Einen vom Mondlicht angestrahlten, kleinen Gegenstand. Direkt neben dem Kohlenhaufen. Zuerst glaubte er, sich getäuscht zu haben. Doch dann siegte die Neugier. Die wenigen Meter bis zum Ort des Blinkens legte er mit kleinen Schritten zurück. Der Schreck des Stolperns saß ihm immer noch in den Gliedern.

Inzwischen hatte sich eine dicke Wolke vor den Mond geschoben und Hauptwachtmeister D. stand im Dunkeln. Der ersten Eingebung folgend drehte er sich um und wollte in die warme Stube zurück. Doch dann verschwand die Wolke wieder, und Frau Luna strahlte hell am Nachthimmel. Er ging in die Knie und fand direkt vor sich einen glänzenden Ring. *Das ist ja wie Weihnachten*, dachte er. *Sieht verdammt gut aus, wie ein echter Goldring mit einem roten Stein.* Schon sah er das strahlende Gesicht seiner Doris, während er ihr den Ring unter dem Tannenbaum an den Finger steckte. *Nee, nee, mein Junge, das kannst du nicht machen. Wer weiß, wer diesen Ring auf den Kohlenhaufen geworfen hat. Ich gebe ihn ab.*

Mit dem Ring in der Tasche seiner Uniformhose lief er zurück in den Wachraum der Inspektion und zeigte den Fund seinem Vorgesetzten.

»Jut, machste mal eben schnell eene Fundanzeige. Ist schon ne merkwürdige Jeschichte. Wer weeß, wat dahintersteckt«, sagte sein Vorgesetzter und ließ sich durch nichts aus der Ruhe bringen.

Bernhard D. holt den Vordruck für eine Fundanzeige, füllt sie aus und steckt sie zusammen mit dem Ring in eine Papiertüte. Dann ging er wieder hinaus und setzte seinen Streifengang fort. Für ihn war die Sache erledigt. Er hatte seine Pflicht getan.

Zwei Zimmer weiter saß Oberleutnant Werner H. an seinem Schreibtisch. Seit zwölf Stunden hatte er Kriminaldauerdienst (KDD). Er war müde und konnte kaum noch die Augen aufhalten. Es war 3 Uhr nachts. Um munter zu werden, besuchte er die Schutzpolizisten im Wachraum, um ein wenig mit ihnen zu quatschen.

Schließlich hatte er vor einer Woche in der *Yucca-Bar* eine Braut aufgerissen und wollte nun ein bisschen damit angeben. Außerdem wollte er einen Kaffee trinken und eine Zigarette rauchen. Sein Kollege vom KDD war militanter Nichtraucher, mit ihm wollte er keinen Ärger haben.

Momentan herrschte Ruhe im Prenzlauer Berg. Ein seltener Fall in diesem Bezirk.

Werner H. setzte sich zu den Wachhabenden, goss sich einen Kaffee ein, zündete eine Kippe an und legte los. Doch die beiden Uniformierten hörten ihm nicht zu und wechselten schnell das Thema. Was interessierte sie die neue Braut ihres Kollegen? Ihrerseits erzählten sie nun vom Fund des Ringes am Kohlehaufen.

Werner H. stutzte. Er ließ sich den Ring zeigen, drehte ihn hin und her und betrachtete ihn von allen Seiten. Ein Gedanke schoss ihm durch den Kopf und ließ ihn sogar seine neue Braut vergessen.

»Das kann nicht wahr sein«, rief er, stürzte in die Räume des KDD zurück und durchsuchte die Fahndungs-unterlagen. In der Akte »Fahndung nach unbekannten Tätern – 1980« bestätigte sich sein Verdacht, dass es sich um den Damenring vom Mord in der Rykestraße han-delte. Er selbst war im Sommer sogar für einige Wochen von seiner Dienststelle zu dem Mordfall abkommandiert worden. Dadurch hatte er noch viele Details des Verbre-chens im Kopf. Und die Zeichnung des verschwundenen Ringes gehört definitiv dazu.

Gegen 9 Uhr verständigte Werner H. telefonisch die MUK. Um 10 Uhr trafen Hauptmann R. und Oberleut-nant Manfred D. in der Inspektion ein und wollten sich vom Fund des Damenringes überzeugen. Nach einer kurzen Begutachtung waren sie sicher: Es ist der Ring vom Mordopfer Christel P.

Leutnant Bernd B. war von der neuen Erkenntnis ebenso überrascht wie seine Kollegen. Er wollte keine wertvolle Zeit verlieren und schnappte sich den Ring. Zwanzig Minuten später klingelte er an der Intensivstation im Krankenhaus Prenzlauer Berg und zeigte Ingrid M. das Schmuck-

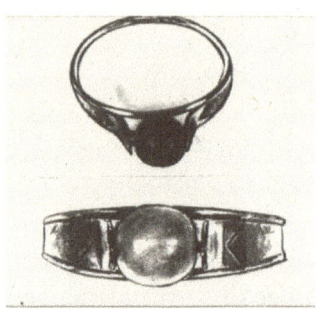

Der goldene Ring
mit korallenrotem Stein

stück. Sie bestätigte sofort, dass es der Ring war, den Christel P. täglich getragen hatte. Sofort kamen in ihr wieder die Erinnerungen hoch, und sie fing an zu weinen, woraufhin sie der Oberarzt nach Hause schickte.

Was alle Mitarbeiter der MUK spürten, ist am besten mit den Worten eines bekannten Kriminalschriftstellers auszudrücken: »Die Kriminalisten spüren den heißen Atem des Täters im Nacken.«

Zeit zum Ausruhen gab es nicht mehr. Es waren folgende Fragen zu klären:
1. Wie kam der Ring auf den Hof der Inspektion?
2. Wann gelangte der Ring auf den Hof?
3. Welcher Personenkreis hatte die Möglichkeit, den Ring dort abzulegen?
4. Wer hat ihn dort deponiert?
5. Warum wurde der Ring dort abgelegt?

Auf einige der Fragen fanden die Kollegen der MUK schnell eine Antwort:

– Die Kohlebriketts wurden vor drei Tagen geliefert.
– Wenn nicht der Ring vom benachbarten Friedhof (unlogisch) auf den Hinterhof der Inspektion geworfen wurde, dann musste er in den letzten drei Tagen dorthin gekommen sein.
– Nur Polizisten und Besucher der Inspektion (Anzeigende, Zeugen, Verdächtige, Beschuldigte und Festgenommene) hatten Gelegenheit, den Ring dort abzulegen.
– Nur Personen, die konkrete Gründe hatten, das Entdecken des Ringes in ihrer Kleidung zu befürchten, kamen in Betracht. Das wiederum bedeutete, dass sich diese Person im Klaren darüber war, welche Auswirkungen der Fund des Ringes im Zusammenhang mit ihrer Person haben könnte.

Nun musste wieder akribische Kleinarbeit geleistet werden. Alle Besucher der Inspektion der letzten drei Tage wurden an Hand der Unterlagen erfasst. Es überraschte die Einsatzgruppe, wie viele das waren. Zunächst konzentrierte sich die Arbeit der MUK vorrangig auf die Überprüfung von Beschuldigten, Verdächtigten und Festgenommenen. Sollte das zu keinem Ergebnis führen, wären sicherlich auch Besucher und Zeugen überprüft worden. Doch das war nicht nötig.

Der 24-jährige Peter O. war der Hauptverdächtige. Vor zwei Tagen war er von der Kriminalpolizei der Inspektion Prenzlauer Berg wegen des dringenden Verdachts einer versuchten Vergewaltigung vorläufig festgenommen worden. Der Tatort befand sich in der Ystader Straße, in der Wohnung einer 22-jährigen Frau.

Peter O. wohnte mit seinen Eltern und seinem 28-jährigen Bruder Wolfgang in einer Vier-Zimmer-Altbauwohnung in der Greifswalder Straße. Bei der Überprüfung seines privaten Umfelds stellten die Kriminalisten überrascht fest, dass sich der ältere Bruder Wolfgang seit 1978 im Strafvollzug Berlin-Rummelsburg befand. Verurteilt wegen Mordes.

Diese Familiengeschichte war heftig: beide Brüder Mörder, der Vater Alkoholiker und Dieb. Viel »Stoff« für Mediziner, Psychologen und Krimiautoren. Das hatte zwar ursächlich nichts mit dem Mord an Christel P. zu tun, aber es war interessant zu sehen, aus welchem Milieu der Täter stammte. Wieder begann die mühevolle Kleinarbeit. Beweise mussten gesammelt werden, um ihn zu überführen.

Denn Peter O. bestritt den Mord in der Rykestraße, ebenso wie die versuchte Vergewaltigung in der Ystader Straße. Doch alles sprach gegen ihn. Die MUK war sich sicher: Der Täter beider Verbrechen sitzt vor ihnen. Schmächtig, blond mit ausdruckslosem Gesicht. Ohne die Umstände zu kennen, hätte man ihn für einen unschuldigen jungen Mann halten können. Doch seine Strafakte sagte anderes: mehrere Kioskeinbrüche, geknackte »Wartburgs« und Ladendiebstahl. Dass er gewalttätig war, bewiesen zwei Anzeigen wegen Körperverletzung. Einmal war er mit einem Kneipenwirt wegen Zechprellerei aneinandergeraten und hatte ihn krankenhausreif geschlagen. Das zweite Mal prügelte er auf einen älteren Mann ein, der ihn angeblich blöd angemacht hatte. Auch der landete mit erheblichen Verletzungen im Krankenhaus. Allerdings war er noch nicht wegen eines Sexualdelikts aufgefallen.

In den hart geführten Vernehmungen wurde aus dem Gefühl von Tag zu Tag mehr Gewissheit. Ein erfahrener Kriminalist hört nicht nur das Gesprochene, er achtet auch auf Stimmlage, die Pausen zwischen den Sätzen, auf die Blicke des Verdächtigen und auf die Bewegungen seiner Hände und Füße. Reiben sich die Finger gegeneinander, verschränken sie sich, scharren die Füße auf dem Fußboden oder wandern die Blicke unruhig durch den Raum? Es ist das Zusammenspiel vieler Beobachtungen, das dem Vernehmer hilft, sich ein Bild zu machen.

Am dritten Tag war es so weit. Schweißperlen auf seiner Stirn, nervöses Zucken der Mundwinkel und seine blasse Gesichtsfarbe zeigten, dass die MUK kurz vor dem Ziel war. Ein paar Minuten später gestand er die versuchte Vergewaltigung. Es wäre einfach passiert, ohne dass er es gewollt hätte. Die Frau habe mit ihm geflirtet und ihn sexuell angemacht. Er habe gedacht, sie wolle mit ihm ins Bett. Aber als sie sich wehrte, konnte er nicht mehr aufhören. Natürlich glaubte man ihm kein Wort. Den Mord leugnete er weiterhin.

Zunächst waren die Kollegen aber dennoch, dass sie ihn zu einem halben Geständnis gebracht hatten. Morgen ist auch noch ein Tag, wussten sie und ließen ihn wieder in die Zelle bringen.

Natürlich waren die in der Wohnung von Christel P. von den Kriminaltechnikern gesicherten biologischen Spuren wie der Speichel an der Zigarette sowie Faserspuren an der Bekleidung der Toten und auf dem Läufer im Flur als Sachbeweise von entscheidender Bedeutung. Sie stimmten mit der Blutanalyse und der Kleidung von Peter O. überein. Auch eine verdeckte Gegenüberstellung zwischen dem Zeugen aus dem Nachbarhaus und Peter O. mit Hilfe eines Spiegelspions untermauerte den Tatverdacht. Schließlich waren auch seine Einlassungen zum Ablauf des Geschehens beweiskräftig. Er schilderte später eindeutiges Täterwissen, wie beispielsweise die Lage der Leiche, die Bekleidung des Opfers und die gerauchte Zigarette.

Doch noch war er zu einem Geständnis nicht bereit.

Den Höhepunkt seiner Überführung bildete folgende Situation: Kollege Bernd B. von der MUK hatte sich eine besondere Strategie vorgenommen und wollte Peter O. erst einmal belanglose Fragen stellen. Das schafft Entspannung auf beiden Seiten. Dann würde er abrupt aus der Situation heraus, psychologisch brutal vorgehen. Als der Verdächtige bei der Vernehmung um ein Glas Wasser bat, schien der richtige Augenblick gekommen zu sein. Wortlos stellte der Leutnant ein Glas Wasser auf den Tisch. Gleich daneben platzierte er, ohne Kommentar, den umstrittenen Ring. Augenblicklich ging eine Wandlung durch den Mann. Als er das Schmuckstück sah, lehnte Peter O. sofort jegliche Zusammenarbeit ab. Seine Gesprächsbereitschaft war zu Ende. Seine körperlichen Reaktionen bemerkenswert und wie im Kriminalistik-Studium erläutert: Er zitterte, schwitzte und schloss die Augen. So, als würde es den Ring dadurch nicht mehr geben. Nun war es nur noch eine Frage der Zeit bis zu seinem vollständigen Geständnis. Zermürbungstaktik war gefragt. Nachdem er ohne einen Schluck zu trinken minutenlang auf das Wasserglas gestarrt hatte, ließen wir ihn abführen.

Inzwischen war es Mitte Januar und im Präsidium war die Heizung ausgefallen. Der MUK-Leiter saß mit seinem Anorak im Vernehmungsraum, neben ihm Leutnant Bernd B. Ihnen gegenüber Peter O., der durch einen Wachhabenden hatte mitteilen lassen, er wolle eine Aussage machen. Ausführlich schilderte er die »Geschichte mit dem Ring«, wie er sie nannte. Er vermittelte den Eindruck, dass sein Geständnis sowohl Genugtuung als auch Selbstbestätigung für ihn war.

Irgendwie verstand er es, beide Taten von seinem sonstigen Verhalten abzukoppeln und aus einer nur ihm selbst zugänglichen Sicht zu schildern: Er habe Christel P. auf der Straße vor dem Haus in der Rykestraße angesprochen. Sie habe vor der Haustür gestanden und geraucht. Sie hätten eine Weile miteinander geredet und geflirtet. Sie hatte sinnliche Augen, die ihn sexuell anmachten. Er war sicher, dass sie das Gleiche wollte wie er. Er überredete sie, ihn auf eine Zigarette mit in ihre Wohnung einzuladen. Nach dem Zigaretterauchen unterhielten sie sich noch eine Weile – aber dann erklärte sie ihm, dass er gehen solle. Sie gingen in den Flur bis zu Wohnungstür. Im Flur umarmte er sie und wollte sie küssen. Doch sie wehrte sich, wurde zickig und bat ihn, zu gehen. Da brannten bei ihm alle Sicherungen durch. Er packte sie am Hals und drückte zu. Dabei sank sie bewusstlos auf den Boden. Nachdem er sie eine Weile beobachtet hatte, war er froh, dass sie nur bewusstlos war und noch atmete. Dann durchsuchte er die Wohnung. Im Wohnzimmerschrank fand er zwei Schubladen mit Schmuck. Hastig packte er seine Hosentaschen voll und verließ die Wohnung. Er behauptete, sein Opfer wäre nur bewusstlos gewesen.

Doch zu diesem Zeitpunkt war Christel P. nach dem Gutachten der Gerichtsmedizin bereits tot.

Nach seiner Festnahme durch die Kriminalpolizei der Inspektion Prenzlauer Berg wegen des Verdachts der versuchten Vergewaltigung wurde er sich der Gefährlichkeit seines »Souvenirs« bewusst. Durch ein angelehntes Fenster im Flur des ersten Stockes warf er den Ring in den Hof. So simpel sind im Nachhinein oftmals die Erklärungen. Bei der kriminalistischen Arbeit, aber auch im täglichen Leben.

Natürlich hatte Peter O. nach einigen Tagen erfahren, dass Christel P tot war. In einem so dicht besiedelten Stadtbezirk verbreiten sich Verbrechen schnell über den »Flurfunk«. Frau Maier erzählt es Herrn Schulze, der seiner neuen Freundin Monika und die ihrer Nachbarin aus dem dritten Stock. So macht eine Neuigkeit schnell die Runde unter der Bevölkerung. Sozusagen »Stille Post« von Nachbarhaus zu Nachbarhaus. Doch O. war in der Lage, die Tat emotional von sich fernzuhalten, so als habe er nichts damit zu tun. Schuldgefühle verspürte er nicht. »Selber schuld«, war die Erklärung, die er für sich gefunden hatte. Den Ring fand er schön und behielt ihn als »Souvenir«. Nicht unüblich bei Sexualverbrechern und Mördern, das sogenannte Trophäen-Sammeln, die Mitnahme von persönlichen Gegenständen des Opfers und vom Tatort.

Peter O. wurde schließlich zu einer lebenslänglichen Freiheitsstrafe verurteilt.

Nun noch eine letzte Bemerkung: 1981 heirateten Leutnant Bernd B. und die Krankenschwester Ingrid M. Sie sollen heute noch zusammen sein.

Ziervögel – eine verlockende Welt

Auf vielen Pankower Balkons blühten die Geranien und vereinzelt lachten sogar Sonnenblumen zum Himmel hinauf. Ich hatte mit Erfolg den Kriminalassistenten-Lehrgang in Potsdam beendet und wurde zum Dienst in der Inspektion Pankow eingesetzt, konkret als Revierkriminalist auf dem Polizeirevier 285 in Berlin-Buch. Das hörte sich eigentlich sehr gemütlich an: Schlosspark, Bucher Forst, ein bisschen Landwirtschaft, überwiegend Einfamilienhäuser, ein paar Neubaublocks – idyllisch. Doch wer das Territorium Buch kennt, der weiß: Damals gab es fünf umfangreiche Krankenhäuser (Teil I bis Teil V), Forschungsinstitute und wissenschaftliche medizinische Einrichtungen und Labore. Also zahlreiche gesellschaftlich bedeutende Objekte, die geschützt werden mussten.

Leutnant (Kommissar) Hans (»Hanne«) Krüger war auf dem Revier 285 mein unmittelbarer Vorgesetzter. Ein erfahrener Praktiker und für mich ein guter Lehrmeister. Jeder Tag brachte neue Erlebnisse und Erkenntnisse. Der tägliche Umgang mit den verschiedensten Menschen vom Professor aus dem Klinikum, den Ärzten, Handwerkern und Sekretärinnen gehörte zum Alltag. Aber auch mit Jugendlichen und Kindern, Männer und Frauen aller Altersklassen. Und natürlich mit Kriminellen. Es war eine Schule des Lebens. Ich fühlte mich dabei sehr wohl.

Die Schreibmaschinen waren allerdings mehr als altmodisch, heute würde man sie als antike Stücke für viel Geld verkaufen. Der Kachelofen in unserem Dienstzimmer wurde immer von der Nachtschicht der Schutzpolizei mit Kohlen beheizt, so dass wir morgens stets in ein warmes Büro kamen. Fahrzeuge hatten wir natürlich auch: zwei Fahrräder und ein Moped: eine »Schwalbe«.

Es war an einem der letzten schönen Herbsttage 1970. Ich hatte ein aufregendes Wochenende hinter mir: ein Fußballspiel in der Bezirksliga, kein Tor geschossen, leider verloren. Meine schlechte Laune verbesserte sich erst am Abend, als mich Gabi ins Kino einlud. Irgendein Indianerfilm, dessen Titel ich vergessen habe. Danach noch eine Bockwurst am Imbissstand. Zu Hause den Fernseher angemacht und auf dem Sofa eingeschlafen.

Der Dienst am nächsten Morgen fing lustig an. Eine im Revier telefonisch eingegangene Anzeige verursachte bei mir und Leutnant Krüger eine gewisse Heiter-

Polizeirevier 285 – Erdgeschoß gesamt

keit: *Unbekannte Täter sind in der Nacht gewaltsam in eine private Vogelvoliere in Berlin-Karow eingebrochen und haben einige Vögel gestohlen.*

Es war 8 Uhr, und draußen zwitscherten die Vögel. Ich lachte und meinte, vielleicht haben sie die Voliere satt und singen jetzt vor unserem Fenster. Wie gesagt, es war ein lustiger Dienstbeginn. Leutnant Krüger grinste und meinte: »Berndt, dann man los, überprüfe die Sache vor Ort und vergiss die Spurensicherungstasche nicht.«

Und mit welchem Einsatzfahrzeug fährt man zu einem Tatort, an dem Vögel gestohlen wurden? Natürlich mit einer »Schwalbe«! Ich ging auf den Hof des Polizeireviers und holte unsere Dienst-»Schwalbe« aus dem Schuppen. Zwanzig Minuten später war ich am Tatort – Berlin-Karow, Hubertusdamm. Ein großes Grundstück mit einem Einfamilienhaus, mehreren Werkstatträumen und einer sehr großen Vogelvoliere. Das Singen der Vögel hatte etwas Erheiterndes und machte mir richtig gute Laune. Der Eigentümer erwartete mich schon vor dem Grundstück.

Herr Hoffmann und seine Ehefrau waren fast so aufgeregt wie die Vögel im Käfig. Bei meinen Ermittlungen erfuhr ich, dass Herr Hoffmann im Ortsteil Karow unter dem Spitznamen »Vogel-Hoffmann« bekannt war. Außerdem kannte ihn hier jeder als guten Handwerker. Er war selbstständiger Ofensetzer-Meister, beschäftigte zwei Gesellen, und seine Ehefrau führte das Büro. Über mangelnde Aufträge konnte er sich nicht beklagen und war in einer guten finanziellen Lage, die es ihm erlaubte, seinem teuren Hobby der Vogelzucht und -haltung nachzugehen. Er besaß ein Werkstatt-Fahrzeug und einen Pkw »Wartburg«, der bei unseren Ermittlungen noch eine wichtige Rolle spielen sollte.

Aufgeregt schilderte mir das Ehepaar, dass sie gegen 6.30 Uhr bei einem Rundgang auf dem Grundstück feststellten, dass die Voliere hinter dem Haus aufgebrochen war und mehrere wertvolle Ziervögel fehlten. Sie gingen zunächst von insgesamt zwölf Vögeln aus. Täterhinweise hatten sie nicht.

Ich begann mit der Tatortarbeit, wobei mir die Frage, wer denn ausgerechnet Vögel klaut, nicht aus dem Kopf ging. Ich klappte meinen Spuren-

Vogelvoliere

sicherungskoffer auf und zeichnete eine Skizze. Danach fotografierte ich den Tatort und sicherte mit Gips einen Schuhabdruck in unmittelbarer Nähe der Voliere. Meiner Meinung nach eine sogenannte Täterspur.

Schuhabdruckspur

Unmittelbar im Bereich der Voliere sicherte ich noch trassologische Spuren (Werkzeugspuren, die durch mechanische Einwirkung entstehen). Es handelte sich um mehrere Teile der Volieren-Vergitterung. Ich vermutete, dass die Täter einen Bolzenschneider benutzten. Was die Kriminaltechniker später im Labor bestätigten.

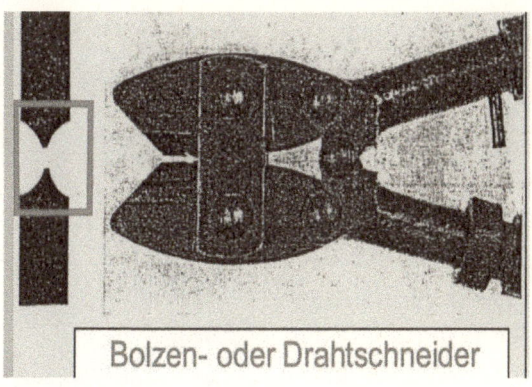

Bolzen- oder Drahtschneider

Werkzeugspur

Die Täter mussten nach Überwindung einer anderthalb Meter hohen Steinmauer von der Rückseite des Grundstücks auf das Gelände gekommen sein. Dies wies auf sportliche und jüngere Diebe hin. Ich war mir auch sicher, dass die Täter Kisten oder Kartons zum Transport der Vögel mitbrachten. Damit bot sich eine Möglichkeit, bei den Umgebungsermittlungen Augenzeugen zu finden. Doch das war ein Trugschluss. Keiner hatte etwas gesehen oder gehört.

Nach der Tatortarbeit zeigte mir Herr Hoffmann einen internationalen Katalog, der die verschiedensten Ziervögel und ihren aktuellen Verkaufswert beinhaltete. Nun beantwortete sich meine Frage nach dem Warum. Denn der Wert einiger hier gestohlener Vögel haute mich fast vom Hocker. Pflaumenkopfsittiche waren beispielsweise mehrere Tausend US-Dollar wert. Davon hatten die Täter zwei mitgenommen und auch einige Prachtrosella, die zur damaligen Zeit in etwa genauso wertvoll waren.

Nachdem ich mich von meiner Überraschung erholt hatte, stellten sich natürlich mehrere Fragen: Kannten sich die Täter am Tatort aus? Haben sie zielgerichtet die wertvollsten Vögel gestohlen? Wann gab es in der letzten Zeit Kontakte mit anderen Besitzern von Ziervögeln? Gibt es einen konkreten Verdacht?

Pflaumenkopfsittich

Herr Hoffmann war sehr kooperativ. Trotz seiner Aufregung beantwortete er mir alle Fragen, soweit er konnte. Zwischendurch druckste er allerdings ein wenig herum und meinte schließlich, er wolle auf keinen Fall unbegründete Verdächtigungen aussprechen, müsse jedoch einen Vorfall unbedingt loswerden: Vor circa zwei Monaten hätte ihn ein Vogelliebhaber und Züchter aus Potsdam besucht. Der Züchterkollege wäre über den Vogelbestand begeistert gewesen und hätte ihn immer wieder gelobt. Dass sich Vogelliebhaber gegenseitig besuchen und Käufe oder Tauschgeschäfte abwickeln, sei im Prinzip nicht ungewöhnlich. Und doch hätte er bei diesem Mann ein komisches Gefühl gehabt. Herr Hoffmann nannte mir Namen und Anschrift des Mannes aus Potsdam und beteuerte noch einmal, dass er keine konkreten Verdachtsmomente gegen den Mann habe.

Nachdem ich meine kriminalistische Arbeit (den »ersten Angriff«) am Tatort Hubertusdamm beendet hatte, fuhr ich mit der »Schwalbe« wieder zum Revier 285 nach Buch zurück. Ich schilderte meinem Vorgesetzten den Stand der Ermittlungen. Genau wie ich war er mehr als erstaunt über den materiellen Schaden des Vogeldiebstahls. Jetzt war uns das anfängliche Lachen über diesen kuriosen Einbruch vergangen.

Natürlich wich diese Straftat von den alltäglich zu bearbeitenden Fällen erheblich ab. Einmal durch das »fliegende Diebesgut«, aber auch durch den hohen materiellen und ideellen Schaden. Der Einbruch wurde bei den Bewohnern von Karow und Umgebung zum Gesprächsstoff. Doch leider erhielten wir nicht den kleinsten Täterhinweis. Obwohl wir zahlreiche im Ortsteil Karow wegen Diebstahls und anderer Eigentumsdelikte Vorbestrafte durchleuchteten, kamen wir keinen Schritt weiter.

Bei unseren täglichen Besprechungen stand dieser Fall immer auf der Tagesordnung. Doch außer Achselzucken und einem »Es gibt nichts Neues« passierte nichts. Allerdings gingen wir inzwischen davon aus, dass es für den oder die Täter einen konkreten Bezug zu Ziervögeln geben musste. Entweder besaßen sie selbst Ziervögel, handelten oder züchteten diese wertvollen Tiere.

Zu meiner Schande muss ich gestehen, dass wir den Hinweis von Herrn Hoffmann in den ersten Tagen nicht richtig verfolgten: den Besuch des Vogelliebhabers aus Potsdam. Eine Woche nach dem Diebstahl fuhren wir dann nach Potsdam, um den Mann zu überprüfen. Vorbestraft war er jedenfalls nicht. Alle telefonischen Nachfragen bei den Kollegen der Kriminalpolizei Potsdam ergaben keine Verdachtsmomente gegen ihn.

In einem Gespräch mit dem Geschädigten hatten wir unsere Absicht erwähnt, diesen Mann vor Ort zu überprüfen. Nach unserer nebenbei gemachten Bemerkung, dass wir momentan keinen Pkw zur Verfügung haben, bot uns Herr Hoffmann seine Hilfe an. Er könne uns doch in seinem »Wartburg« nach Potsdam fahren. Wir waren ziemlich verblüfft, zogen uns kurz zur Beratung zurück und stimmten schließlich zu. Warum eigentlich nicht … Und das sollte nicht die einzige Fahrt mit seinem Pkw werden.

Von nun an war Herr Hoffmann fast ein Teil unseres Teams. Er war hilfsbereit, mit Eifer bei der Sache und eine große Erleichterung für uns. Er war sozusagen direkt an den Ermittlungen beteiligt. Wobei wir natürlich darauf achteten, dass unser »Helfer« keine polizeilichen Handlungen durchführte, was er allerdings sehr gern gemacht hätte. Insgesamt eine außergewöhnliche Situation. In meinem weiteren beruflichen Leben habe ich mit Geschädigten nie wieder auf diese Weise »zusammengearbeitet«.

Die Überprüfung des Vogelliebhabers in Potsdam ergab leider keine Verdachtsmomente. Das sah auch Herr Hoffmann ein, der vor dem Haus in seinem Pkw wartete. Während der Wartezeit hatte er sich Gedanken über die Sicherung seines Grundstücks gemacht. Wenig später war alles perfekt gesichert. Er hatte elektronische Alarmanlagen und Bewegungsmelder installieren lassen und das Grundstück mit hellen Neon-Lampen ausgerüstet. Damals sehr teuer und in privaten Haushalten noch nicht weit verbreitet. Mit anderen Worten: Er hatte es sich einiges kosten lassen.

Die Unterstützung durch Hoffmanns »Fahrdienst« war günstig und eine große Hilfe. Sie gab aber auch immer wieder Anlass zur Forderung nach einer besseren Ausstattung der Kriminalpolizei. Es bestärkte einmal mehr meine sehr persönliche Meinung: Wir brauchten bessere und vor allem mehr Pkw für die Einsätze. Es war doch manchmal recht peinlich, wenn wir mit Moped oder Fahrrad auf Verbrecherjagd fuhren. Doch das sahen keineswegs alle so. Als ich mich in einer Dienstversammlung diesbezüglich zu Wort meldete, bekam ich von den älteren Kollegen den Kopf gewaschen. »Mit Autos klärt man keine Verbrechen! Der Kopf muss klar sein! Die Ausbildung, die Einsatzbereitschaft und das kriminalistische Denken sind die wichtigsten Faktoren für eine erfolgreiche Tätigkeit bei der Kriminalpolizei. Basta!«

Im Prinzip hatten sie recht. Doch wenn ein schnelles Auto und ein wacher Geist zusammenarbeiten, ist manches einfacher. Jahre später, vor allem in den 1980er Jahren, hatte sich die Ausrüstung der Kriminalpolizei in Ostberlin und der DDR mit Pkw zum Besseren verändert.

Inzwischen war es Anfang Dezember 1970, und wir hatten noch immer keine heiße Spur beim »Vogeldiebstahl«. Obwohl es hin und wieder neue Spuren gab, führten diese stets ins Leere. Sogar aus den Reihen der Vereine und Interessengruppen der Vogelliebhaber bekamen wir einige Hinweise. Eine Menge Arbeit für uns, die jedoch ebenfalls nicht zum Erfolg führte.

Die Weihnachtszeit rückte näher. Auf den Straßen herrschte hektische Betriebsamkeit. Jeder wollte für seine

Liebsten noch rechtzeitig ein Geschenk kaufen. Weihnachtsmänner auf dem Alex erfreuten Kinder und Erwachsene. Es roch nach gebrannten Mandeln und Broiler. Ein Junge heulte, der Leierkastenmann drehte seine Orgel. Eine Mutter sang »O Tannenbaum«. Gleichzeitig überrollte uns eine Erkältungswelle und dezimierte die Einsatzkräfte. Alles ging seinen weihnachtlichen Gang. Sogar auf der Inspektion hatte jemand ein paar Zweige mit Lametta in den Besprechungsraum gestellt.

Zehn Tage vor Weihnachten dann der entscheidende Tipp: Wieder einmal kam der Hinweis von einem ABV. Leutnant Heinz D. vom Polizeirevier 284 (Bereich Pankow-Buchholz) wollte unbedingt persönlich mit mir über die »Vogel-Diebstahlssache« reden. Also fuhr ich mit Herrn Hoffmann in seinem Pkw nach Buchholz. Sogar im »Wartburg« roch es nach Weihnachten. Am Innenspiegel hing ein kleiner Tannenbaum, getränkt mit Fichtennadelduft. Na ja, mein Geschmack war es nicht.

ABV Heinz D. war ein wachsamer Mann von Mitte vierzig mit Stirnglatze und einer Brille, die fast sein gesamtes Gesicht bedeckte. Er schilderte uns folgende Situation: Im Zusammenhang mit einem Diebstahl in einem VEB der Metallbranche in Berlin-Buchholz hatte er einen zwanzigjährigen Mitarbeiter des Betriebs als Täter ermittelt. Da es sich um einen geringfügigen Schaden (Werkzeug im Wert von circa 60 Mark) handelte, wurde der Sachverhalt als »Eigentumsverfehlung« an das gesellschaftliche Gericht (Konfliktkommission, KK) des Betriebs übergeben. Hinzu kam, dass der Zwanzigjährige nicht vorbestraft und auch ansonsten nicht polizeilich auffallen war.

Stefan B. lebte mit seinem 25-jährigen Bruder bei seiner Mutter in einem Einfamilienhaus in der Blankenfelder Straße in Berlin-Buchholz. Bei einem Hausbesuch, bei dem beide Söhne nicht anwesend waren, erklärte die Mutter dem ABV, dass sich ein derartiges Fehlverhalten ihres Sohnes bestimmt nicht wiederholen werde. Er habe seit kurzem ein neues Hobby, das ihm viel Spaß mache. Stolz zeigte Frau B. dem ABV eine Voliere mit mehreren Vögeln. Nach seiner Schätzung saßen etwa zehn Tiere in der Voliere.

Endlich eine brauchbare Spur. Sollten wir jetzt auf dem richtigen Weg sein? Ich war fast hunderterprozentig sicher.

Hanne K. und ich überlegten nicht lange und fuhren kurz darauf mit Herrn Hoffmann und dem ABV zum Einfamilienhaus in der Blankenfelder Straße. Grundstück und Haus machten einen gepflegten Eindruck. Zum Glück war Frau B. alleine, die Söhne auf ihren Arbeitsstellen. Ohne zu zögern, zeigte sie uns die Vogel-Voliere, die in einem Nebengelass des Zimmers ihres Sohnes Stefan stand.

Vor dem Wohnhaus wartete Herr Hoffmann in seinem Pkw. Ich holte ihn ins Haus, und beim Anblick der Voliere und der Vögel war er nicht mehr zu halten. Er identifizierte sofort seine Tiere. Es waren insgesamt elf. Wie sich später herausstellte war ein Vogel beim Transport von Karow nach Buchholz verstorben. Trotz der Freude über das Wiedersehen seiner Tiere, war der Tod des einen Vogels ein großer Schock für ihn.

Herr Hoffmann hatte im Kofferraum seines Pkw stets zwölf Mini-Transportbehälter dabei. Seine Hoffnung war von Anfang an, dass wir seine Vögel wiederfinden. Und das war nun tatsächlich passiert. Wir konnten seine Freude verstehen. Auch die Vögel schienen ihn erkannt zu haben. Jedenfalls erschien es mir so. Im Wohnhaus der Familie konnten wir Herrn Hoffmann nicht nur als Transporteur des Diebesguts, sondern zugleich als Zeugen der Durchsuchung und Beschlagnahme einsetzen.

Die Mutter des Jungen war entsetzt und beteuerte ständig seine Unschuld. Sie hielt alles für eine furchtbare Unterstellung oder einen Irrtum der Polizei. Solche Reaktionen gab es oft. Ich habe sehr häufig erlebt, dass selbst bei berechtigten Verdachtsmomenten und sogar bei konkreten Beweisen Eltern, Geschwister, Ehepartner und Kinder die Realität nicht sehen wollten oder konnten.

Noch vom Revier in Buchholz aus veranlassten wir die Zuführung von Stefan und seinem älteren Bruder Michael zum Revier nach Buch. Michael B. arbeitete als Dreher im VEB Bergmann-Borsig im Pankower Ortsteil Wilhelmsruh. Wir vermuteten, dass Michael vom Diebstahl der Vögel wusste oder eventuell sogar als Mittäter in Frage kam.

Ein Kollege hatte inzwischen ermittelt, dass Michael B. eine MZ 250 mit Beiwagen besaß, die für den Abtransport der Vögel vom Tatort geeignet war. Unsere Version wurde bei den weiteren Ermittlungen und den Vernehmungen der Brüder bestätigt. Allerdings hatte Michael B., wie man es juristisch bezeichnet, kein eigenes Tatinteresse. Er wollte seinen jüngeren Bruder nur unterstützen. Beide waren am Tattag gegen 2 Uhr nach Überklettern der rückseitigen Mauer auf das Grundstück der Familie Hoffmann gelangt. Mit einem Bolzenschneider knackte Stefan B. die

Voliere. Zum Abtransport benutzten sie mehrere Vogel-
käfige. Auf meine Frage, woher er von dem Vorhanden-
sein der Vogelvoliere wusste, bekam ich eine erstaunliche
Antwort: Er habe bei der Fahrt mit der S-Bahn Richtung
Bernau zufällig aus dem Zugfenster geschaut und die
Voliere auf dem Grundstück gesehen.

Blick aus der fahrenden S-Bahn auf den Hubertusdamm

Zu diesem Zeitpunkt hatte er sich bereits für die Zier-
vogelzucht interessiert, sich mehrere Bücher zum Thema
aus der Leihbücherei besorgt und studiert. Je größer sein
Interesse wurde, desto mehr bedauerte er, dass ihm das
nötige Geld für dieses Hobby fehlte. Da sah er den Blick
aus der S-Bahn als einen glücklichen Zufall an. In den
folgenden Tagen »besuchte« er den Tatort mehrmals bei
Tageslicht, um später in den Nachtstunden sozusagen
keine Fehler zu machen.

Epilog

Beide Brüder wurden wegen Diebstahls und Sachbeschädigung vom Pankower Stadtbezirksgericht verurteilt. Die Freiheitsstrafen wurden zur Bewährung ausgesetzt. Außerdem mussten sie Schadensersatz leisten.

Dies war ein in meiner kriminalistischen Praxis einzigartiger Fall. Das ungewöhnliche Diebesgut sowie die nicht ganz unproblematische Mitwirkung des Geschädigten bei den Ermittlungen habe ich so nie wieder erlebt. Dazu noch eine Bemerkung:

Am 24. Dezember 1970 befand ich mich noch auf der Dienststelle. Meine Frau Gabi war im Begriff, unsere Wohnungstür aufzuschließen, als sie eine unbekannte männliche Person im Treppenhaus bemerkte. Der Mann sprach sie an, übergab ihr ein Paket mit der Bemerkung: »Für Sie und Ihren Mann. Sagen Sie ihm, es war mir ein Vergnügen, mit ihm zusammenzuarbeiten. Frohe Weihnachten.«

Und schon war der Unbekannte verschwunden.

Als ich vom Dienst nach Hause kam, schilderte Gabi mir die Begegnung. Daraufhin öffnete ich vorsichtig das Paket. In ihm befanden sich mehrere hochwertige Flaschen Sekt. Meine Frau beschrieb mir den Mann, und da war mir klar, wer bei uns den »Weihnachtsmann« gespielt hatte.

Und Sie, verehrte Leserinnen und Leser, können sich natürlich ebenfalls denken, wer hier seinen Auftritt hatte.

Der Wohnungseinbrecher

12. Januar 1972, gegen 10 Uhr, Berlin-Pankow,
Tiroler Viertel

Der junge Mann läutet die Türklingel. Zweimal. Keine
Reaktion. Dann lauscht er in das Treppenhaus hinein.
Alles ruhig und still. Jetzt presst er sein Ohr an die Woh-
nungstür. Aus der Wohnung im zweiten Stock des Alt-
Neubaus – in den 1950er Jahren erbaut, noch Stein auf
Stein – ist ebenfalls kein Laut zu hören.

Wunderbar, das passt. Er nimmt seinen Nachschlüssel
(Passepartout) und versucht damit, das Buntbartschloss
(ein sogenannter Drücker) zu öffnen. Er hofft, dass die
Wohnungstür nur eingeklinkt ist. Und tatsächlich, er hat
Glück: Das Sicherheitsschloss der Tür ist nicht verschlos-
sen, so kann er ohne Probleme die Wohnungstür öffnen.

»Das klappt ja wieder einmal wie am Schnürchen«, sagt
der junge Einbrecher leise vor sich hin und betritt die
Wohnung. Es handelt sich um eine der in diesem Viertel
am häufigsten vorhandenen Drei-Zimmerwohnungen
mit Küche, Bad und Balkon. Auch drinnen vernimmt er
keine Geräusche.

Zunächst will er sich einen Überblick über alle Räum-
lichkeiten verschaffen: keine Besonderheiten in der
Küche, im Wohnzimmer und Bad. Dann öffnet er die
Schlafzimmertür – und erstarrt. Im Doppelbett liegt ein
nacktes Pärchen. Ein junger Mann und eine junge Frau.
Sie sind in ihrem Liebesspiel genauso erstarrt wie der Einbrecher. Dem fällt nichts anderes ein, als die beiden mit

den Worten: »Verzeihung, ich wollte nicht stören«, zu begrüßen.

Das Pärchen antwortet: »Guten Tag«. Dann dreht sich der Einbrecher schnell um und verschwindet noch schneller aus der Wohnung.

Das Pärchen ist immer noch erschrocken und verdutzt.

Die junge Frau: »Was war das denn?«

Der junge Mann: »Ich glaube, ein Einbrecher!«

Ja, da hat er absolut recht. Das Pärchen hatte geglaubt, die Wohnung ungestört als fröhliches Liebesnest nutzen zu können. Die Mutter der jungen Frau befand sich außerhalb Berlins im Urlaub, der junge Mann hatte einige Urlaubstage von der NVA erhalten – diese Situation wollten sie unbedingt nutzen. Pech gehabt.

Die Stimmung ist inzwischen also nicht mehr erotisch, sondern vielmehr frustrierend: Ein fremder Mann in der eigenen Wohnung! Aufgrund der Tatsache, dass beide

Außenansicht der Wohnung, in der der Täter das Liebespärchen im Schlafzimmer überraschte

völlig nackt im Bett liegen, ist an eine Verfolgung des Einbrechers nicht zu denken.

Nachdem sich das Pärchen beruhigt hatte, begaben sich beide zum zuständigen Polizeirevier. Das war das Volkspolizeirevier 281 in der Berliner Straße in Pankow. Ich war dort seit Dezember 1971 bei der Revierkriminalpolizei im Einsatz. Im September 1971 hatte ich ein vierjähriges Fernstudium an der Offiziersschule Aschersleben, Fachrichtung Kriminalistik, aufgenommen.

Ich nahm die Anzeige des Liebespärchens entgegen. Viel konnten sie zur Ermittlung des Täters nicht beitragen. Ja, ich muss sagen, dass sie die Situation ziemlich sprachlos und verblüfft schilderten. Die von ihnen vorgebrachte Personenbeschreibung war nicht zuverlässig. *(Kann es sein, dass sich in bestimmten Situationen bei Pärchen der esunde Menschenverstand außer Kontrolle befindet?)*

Nach der Anzeigenaufnahme verständigte ich telefonisch unseren Kriminaltechniker Klaus B. in der Inspektion Pankow und schilderte kurz den Sachverhalt. Ich wollte mit ihm gemeinsam den Tatort in Augenschein nehmen.

Am Tatort eingetroffen untersuchte Klaus B. zunächst das Türschloss der Wohnungseingangstür. Dann gingen wir mit dem Liebespärchen von Zimmer zu Zimmer. Nach Aussage des Pärchens fehlte kein Gegenstand aus der Wohnung. Der unbekannte Täter musste den Tatort fluchtartig verlassen haben.

Wir hatten es also juristisch mit einem versuchten Diebstahl persönlichen Eigentums zu tun. Diese Schlussfolgerung lag nahe, weil wir seit Dezember 1971 eine Anzahl von Wohnungseinbrüchen im Revierbereich zu verzeichnen hatten. Die Taten – es handelte sich um sechs Einbrüche – ereigneten sich immer tagsüber und wurden somit erst spät entdeckt, nämlich wenn die Mieter von der Arbeit nach Hause kamen. Bis auf einen Tatort in der Binzstraße befanden sich alle im Bereich des Tiroler Viertels.

Häuser im Tiroler Viertel

Am jüngsten Tatort wollte der Kriminaltechniker unbedingt das Türschloss ausbauen, um es im Labor zu untersuchen. Zielstellung: Finden sich Übereinstimmungen mit anderen bereits gesicherten Werkzeugspuren vorliegender Wohnungseinbrüche?

Sein Ergebnis lag nach zwei Tagen bei uns auf dem Schreibtisch: Bei allen vergleichbaren Wohnungseinbrüchen gab es Spurenübereinstimmungen. Auffällig war, dass der unbekannte Täter nur die Wohnungseingangstüren angriff, die neben dem Sicherheitsschloss noch ein Buntbartschloss (Drücker) besaßen. Waren die Sicherheitsschlösser von den Mietern verriegelt worden, ließ der unbekannte Täter von einem Eindringen in die Wohnung ab. Er muss also, bevor er in die Wohnung eindrang, immer wieder überprüft haben, ob die Bewohner alle Sicherheitsvorkehrungen vorgenommen hatten.

Diese Erkenntnisse und die vage Beschreibung des Einbrechers ließen uns zu dem Schluss kommen, dass der unbekannte Täter eine sehr junge Person ohne kriminelle Erfahrung sein musste. Auch die Auswahl des Diebesguts (Bargeld, Genussmittel wie Zigaretten und Kaffee, technische Geräte und Ähnliches) ließen den Schluss zu, dass wir es mit einem jungen Täter zu tun hatten.

Wir analysierten jeden ungeklärten Wohnungseinbruch in unserem Revierbereich und darüber hinaus. Auch hierbei kamen wir zu dem Ergebnis: Wir müssen nach einem jungen Mann (20 bis 25 Jahre) fahnden, der wahrscheinlich in Pankow oder Prenzlauer Berg wohnhaft ist, der sich im Stadtbezirk gut auskennt, aber eingeschränkte technische Möglichkeiten zum Öffnen der Wohnungstüren hat. Denn die kriminaltechnischen Untersuchungen hatten eindeutig ergeben: Zum Öffnen der Buntbartschlösser benutzte er immer denselben Nachschlüssel.

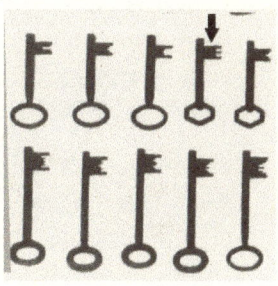

Vergleichbare Schlüssel (mit Pfeil: identifizierter Tatschlüssel)

Wie schon erwähnt, griff er Sicherheitsschlösser nicht an beziehungsweise konnte er sie vermutlich nicht überwinden. Hatte er eventuell nicht das geeignete Werkzeug?

```
VP.-Inspektion Pankow          11o Berlin , den 21.01.1972
-Abt.Kriminalpolizei-


              B r e n n p u n k t m e l d u n g
              ━━━━━━━━━━━━━━━━━━━━━━━━━━━━━━━━━━━━

     PdVP Berlin ODH

     Brennpunktmeldung

     Betr.:  Diebstähle aus Wohnungen und Hausbriefkästen
             (VPR 281 )

     In der Zeit vom 01.12.1971 bis zum 18.1.1972 bildete sich
     im Bereich des VPR 281 ein Brennpu kt von Diebstählen aus
     Wohnungen und Hausbriefkästen heraus.
     Unbekannte Täter entnahmen aus in Hausbriefkästen abgelegte
     Wohnungsschlüssel, klingelten an den Wohnungen und öffneten
     diese mit den vorgefundenen Schlüsseln oder mit Nachschlüssel.
     Entwendet wurde Bargeld, Zigaretten, Süssigkeiten und in
     einem Fall Sparkassenbücher.
     Gesamtschaden ca. 1400.- Mark

     Tatorte:
     ━━━━━━━━

     01.12.71 . 24.11.-01.12.71  Berlin Pankow Esplanade 48
     15.12.71 . 07.45 - 13.30    Berlin Pankow Zillerthalstr. 53
     04.01.72 . 07.45 - 17.30    Berlin Pankow Maximilianstr. 45
     05.01.72 . 06.15 - 09.30    Berlin Pankow Binstr. 06
     10.01.72 . 07.00 - 12.10    Berlin Pankow Brennerstr. 82e
     12.01.72 . 07.45 - 13.00    Berlin Pankow Zillerthalstr. 43
     18.01.72 . 09.45            Berlin Pankow Esplanade 04

     veranlasst:

     Einsatzgruppe gebildet, Brennpunktakte angelegt, operative
     Kräfte eingewiesen, Schwerpu ktschicht des VPR 281 im Einsatz.


                              Müller
                              Hptm.d.K
```

Brennpunktmeldung an die übergeordnete Dienststelle
der Kriminalpolizei – Präsidium der Volkspolizei

Die Führung der Kriminalpolizei der Inspektion Pankow entschloss sich, Ende Januar 1972 einen sogenannten »Örtlichen Brennpunkt« zu eröffnen.

Das bedeutete, dass eine Einsatzgruppe, bestehend aus Kriminalisten und ABV der VP-Inspektion Pankow, gebildet werden musste, die sich nur mit der Aufklärung des Brennpunktes beschäftigte und somit von allen anderen kriminalpolizeilichen Aufgaben entlastet war. Die gesamte Situation ließ inzwischen keine andere Möglichkeit zu. Der materielle Schaden war zwar noch immer ziemlich gering, aber der Täter hatte durch sein fortgesetztes Handeln eine erhebliche Unruhe unter der Bevölkerung im Stadtbezirk und insbesondere im Tiroler Viertel verursacht.

Die Einsatzgruppe (Brennpunktgruppe) bestand aus den Kriminalisten Unterleutnant Günter B., Kriminalmeister Berndt Marmulla, Kriminalhauptwachtmeister Michael E. und den beiden ABV Unterleutnant Harald K. sowie Unterleutnant Werner N. Der Standort der Brennpunktgruppe war im Polizeirevier 281.

Die sogenannten operativen Kräfte der Schutzpolizei (Fußstreifen und Funkwagenbesatzungen) wurden von uns täglich vor Dienstbeginn eingewiesen. Trotz alledem konnten in den gefährdeten Wohnvierteln keine irgendwie verdächtigen Personen festgestellt werden. Auch Hinweise zu konkreten Personen gab es nicht. Die Auswertung der kriminalpolizeilichen Karteien blieb ebenfalls ohne positives Ergebnis.

Dafür gab es in einem anderen Wohnviertel des Revierbereiches beidseitig der Damerowstraße Ende Januar, Anfang Februar mehrere Wohnungseinbrüche durch unbekannte Täter, ebenfalls tagsüber, meistens in den Vormittagsstunden und in einem Alt-Neubaugebiet. Allerdings öffneten die Täter bei diesen Einbrüchen die verriegelten Sicherheitsschlösser mit einem Werkzeug.

Handelte es sich um »unseren Täter« vom Tiroler Viertel? Hatte er sich »qualifiziert«?

Die kriminaltechnische Untersuchung erbrachte ein eindeutiges Ergebnis: Der Täter (nach der Spurenlage ein

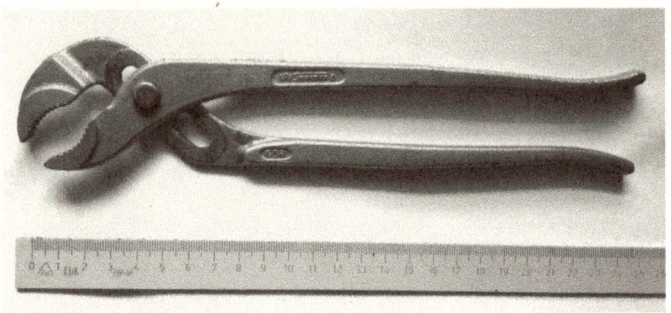

Wasserpumpenzange

Einzeltäter) brach mit einer sogenannten Wasserpumpen-
zange das leicht aus dem Türrahmen hervorstehende
Sicherheitsschloss ab und konnte dann mit einem Passe-
partout das Buntbartschloss öffnen. Eine zur damaligen
Zeit bei Einbrechern weit verbreitete und erfolgreiche
Begehungsweise.

Anfang März 1972

Mit der eindeutigen Identifizierung der verwendeten
Tatwerkzeuge waren wir dem Täter ziemlich dicht auf
den Fersen – mehr aber auch nicht. Hatten wir vielleicht
doch etwas Entscheidendes übersehen? Ich schlug vor,
gemeinsam mit »Charly« B. noch einmal alle Tatorte
aufzusuchen. Vielleicht erlangten wir so neue Erkenntnisse.

Wir begannen unsere Tatortanalyse im Bereich der
Damerowstraße und der Umgebung des S-Bahnhofs
Heinersdorf – also in dem sogenannten Tatortbereich 2
(siehe Karte).

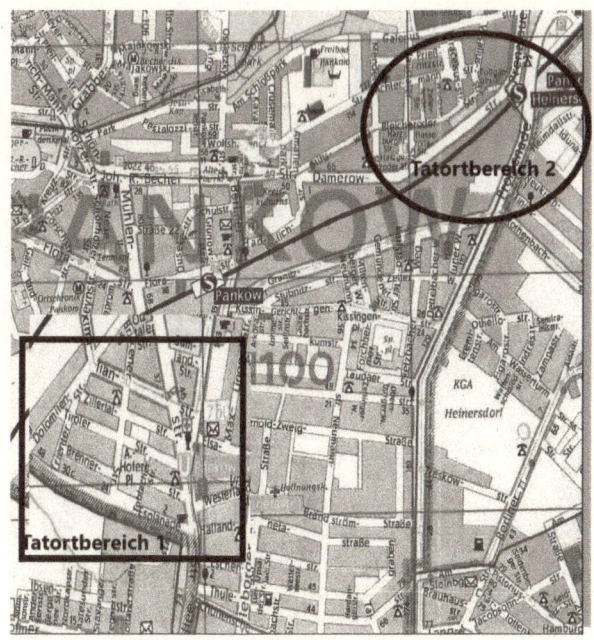

Tatortbereiche 1 und 2

Bei der Tatortbegehung von insgesamt zwei Tathäusern mit drei angegriffenen Wohnungen stellten wir zu unserer Überraschung fest: In einem der Wohnhäuser gab es mehrere aufgebrochene Hausbriefkästen!

Nähere Ermittlungen in den Wohnhäusern und Befragungen von angetroffenen Mietern ergaben, dass zu den bekannten Tatzeiten der vollendeten Wohnungseinbrüche ebenfalls die Hausbriefkästen beschädigt beziehungsweise aufgebrochen wurden.

Was hatte das zu bedeuten? Es konnte eigentlich nur mit den Wohnungseinbrüchen zusammenhängen. Aber was bezweckte der Täter mit diesen Handlungen?

Hausbriefkästen

Auf dem Weg zu den Tatorten im Tatortbereich 1 (Tiroler Viertel) diskutierten wir die eventuelle Absicht des unbekannten Täters. Wir kamen zu dem Schluss, dass er irgendetwas in den Hausbriefkästen vermutete. Es konnte sich eigentlich nur um Wohnungsschlüssel oder Kellerschlüssel handeln, die in leichtsinniger Weise von den Mietern im Hausbriefkasten abgelegt wurden.

Wie sich später bei den Vernehmungen des Täters herausstellte, traf tatsächlich exakt diese Version zu.

Die nächste Überraschung erwartete uns beim Aufsuchen der Tatorte im Tatortbereich 1. Wir mussten feststellen: Es gab mindestens einen aufgebrochenen oder beschädigten Hausbriefkasten.

Waren wir blind gewesen? Vielleicht muss ich dazu anmerken, dass beschädigte Hausbriefkästen damals leider keine Besonderheit darstellten. Oftmals handelte es sich um durch Schulkinder oder Jugendliche verursachte Schäden, die zur Kleinkriminalität gehörten und von den ABV der jeweiligen Abschnitte bearbeitet wurden.

Die Befragung einiger Mieter der Häuser bestätigte unseren Verdacht: Auch in diesen Wohnhäusern wurden an den Tattagen der vollendeten Einbrüche Hausbriefkästen aufgebrochen.

Wir waren schon ziemlich sauer, dass wir diese Handlungen im Zusammenhang mit den Wohnungseinbrüchen nicht bereits bei der Tatortarbeit festgestellt hatten. Das war einfach keine gute Arbeit gewesen! Schließlich gehörten das gesamte Wohnhaus und die unmittelbare Umgebung zum Tatort.

Wie in jedem Beruf galt auch bei uns: Aus solchen »Anfängerfehlern« muss man lernen und darf nicht fadenscheinige Erklärungen zur Entschuldigung suchen – »kann ja mal passieren«, »man kann ja nicht auf alles achten«, »wir sind doch keine Hellseher«, »wir hatten nicht genügend Leute« und so weiter und so fort konnten wir nicht stehen lassen. Aus Fehlern unbedingt zu lernen, war und ist immer noch meine Meinung!

Ein sogar noch erheblicherer Fehler unterlief uns bei der analytischen Auswertung der Tatorte im gesamten Revierbereich: Wir erkannten nicht, dass zwei Kellereinbrüche im Bereich der Binzstraße aus dem Herbst 1971 im Zusammenhang mit den von uns bearbeiteten Wohnungseinbrüchen stehen konnten. Gut, es hatte keine erkennbaren Zusammenhänge gegeben, auch keine übereinstimmenden Spuren – aber wie sich im Nachhinein zeigte, war »unser« Wohnungseinbrecher in diesen Fällen über einen im Hausbriefkasten abgelegten Kellerschlüssel erfolgreich gewesen. Bei einem dieser Einbrüche mit einem Originalschlüssel hatte er sogar die Kaltschnäuzig-keit besessen, einen im Hauskeller abgestellten Hand-wagen zum Transport des Stehlguts (unter anderem ein Fernseher und ein Radiogerät) zu benutzen. Voller Stolz erzählte er uns nach seiner Festnahme bei den folgenden Vernehmungen und dem Abfahren der Tatorte, dass er diesen Tatort unbemerkt mit dem Handwagen verlassen konnte.

Tag für Tag und Woche für Woche vergingen. Eine heiße Spur hatten wir, trotz neuer Erkenntnisse, immer noch nicht. Der März neigte sich seinem Ende entgegen.

Wir mussten beunruhigt feststellen, dass »unser Wohnungseinbrecher« mehrere Wochen nicht mehr in Erscheinung ge-treten war. War er krank? War er um-gezogen? War er verstorben? Wurde er eventuell wegen anderer Delikte in-haftiert? Wir hatten keine Antworten.

Tiroler Viertel, Esplanade

21. März 1972

Die 35-jährige Krankenschwester Monika T. hat einen freien Tag – der monatliche Haushaltstag, für berufstätige Frauen in der DDR gesetzlich geregelt.

Es ist gegen 10 Uhr. Ihr Ehemann befindet sich auf seiner Arbeitsstelle, ihr zwölfjähriger Sohn in der Schule.

Sie will es sich richtig angenehm machen, erst einmal ein wohltuendes Bad nehmen, dann Kaffee trinken, eine Zigarette rauchen und dann sehen, was ihr noch so einfällt.

Sie liegt gedankenverloren in der Badewanne – da klingelt es an der Wohnungstür. *Man, so ein Mist,* denkt sie, *gerade jetzt. Ich erwarte doch keinen Besuch. Na ja, der oder die muss sich gedulden.*

Sie klettert aus der Badewanne, wirft sich ihren Bademantel über, geht in den Wohnungsflur und will schon die Tür öffnen, da entscheidet sie, doch lieber erst einmal durch den »Türspion« zu blicken. Ein unbekannter junger Mann befindet sich auf der Etage.

Komische Situation: Der junge Mann steht vor der gegenüberliegenden Wohnungstür und hält sein Ohr an diese, als würde er lauschen. Was soll denn das bedeuten? Plötzlich dreht sich der junge Mann um und kommt direkt auf ihre Wohnungstür zu.

Sie kann die Situation nicht verstehen und öffnet spontan die Tür. Der junge Mann ist total verblüfft, ja erschrocken. Monika T. spricht ihn an: »Was ist los, wollen Sie zu mir?«

»Äh, nein, ich will zu meinem Arbeitskollegen. Ich glaube, der wohnt hier im Haus.«

»Na, wie heißt er denn?«

Sofort kommt die Antwort: »Wolfgang Seifert.«

»Tut mir leid, kenne ich nicht, wohnt hier nicht.«

Ehe sie noch weitere Fragen stellen kann, dreht sich der junge Mann um und verlässt mit schnellen Schritten die Etage. Noch beim Treppenherunterlaufen ruft er: »Vielen Dank.«

Merkwürdiger Typ, denkt sich Monika T. und schließt die Wohnungstür. Jetzt macht sie sich einen Kaffee und raucht eine Zigarette.

Am Abend, im Gespräch mit ihrem Mann Peter T., fiel ihr die merkwürdige Begegnung mit dem Unbekannten wieder ein. Sie berichtete beiläufig von dem Ereignis an der Wohnungstür. Peter T. dachte kurz nach und gab seiner Frau dann zu verstehen: »Du, Monika, vielleicht bist du dem Wohnungseinbrecher begegnet, der seit einigen Wochen in unserer Gegend sein Unwesen treiben soll!«

»Was für ein Einbrecher? Ja, Mensch, du hast ja recht. Vorige Woche habe ich noch mit Frau Berger über die Sache gesprochen. Aber man denkt doch nicht daran, dass es einen selbst betreffen kann. Ich war ganz schön blöd. Was nun?«

»Nun mach dir mal keine Vorwürfe, du bist Krankenschwester und keine Polizistin. Ich rufe morgen von der Arbeit aus unseren ABV an. Vielleicht interessiert ihn deine Beobachtung. Vielleicht ist auch alles ganz harmlos gewesen, und der Bursche hat tatsächlich seinen Arbeitskollegen gesucht.«

Damit war diese Sache für das Ehepaar T. vorerst erledigt.

Am folgenden Tag rief Peter T. dann tatsächlich seinen zuständigen ABV, Unterleutnant Harald Küster vom Revier 281, an und schilderte die Sache. ABV Küster war Mitarbeiter der Brennpunktgruppe »Wohnungseinbrecher Tiroler Viertel«. Er reagierte völlig richtig und versprach, noch am selben Tag die Kriminalpolizei zu verständigen. Vielleicht handelte es sich um eine »heiße Spur«.

Wenig später erreichte er mich persönlich. Ich befand mich aufgrund einiger notwendiger schriftlicher Arbeiten in meinem Büro im Revier 281. Bei mir, das sage ich klar und deutlich, läuteten bei der Schilderung der Begegnung von Monika T. mit dem unbekannten jungen Mann sämtliche Alarmglocken. Das hörte sich sehr gut an!

Ich setzte mich umgehend telefonisch mit Monika T. in Verbindung. Sie arbeitete als Krankenschwester im Krankenhaus Pankow, Galenusstraße, und wir verabredeten uns für 18 Uhr in ihrer Wohnung.

Gemeinsam mit meinem Kollegen »Charly« B. – er wollte ebenfalls unbedingt bei dem Gespräch dabei sein – traf ich zur vereinbarten Zeit in der Wohnung ein. Bei Kaffee und Gebäck saßen wir in entspannter Atmosphäre zusammen. Nachdem Frau T. die kurze Begegnung mit dem Unbekannten ausführlich geschildert hatte, waren wir uns sicher: Das ist unser Täter.

Insbesondere die Personenbeschreibung des Unbekannten war sehr exakt und hatte ähnliche beziehungsweise identische Merkmale wie die vage Beschreibung »unseres« vom Täter überraschten Liebespärchens. Monika T. konnte den Unbekannten sehr gut beschreiben, so dass wir uns ent-

Phantombild des Täters

99

schlossen, sie am nächsten Tag zu unserem Phantom-
zeichner in das Präsidium der Volkspolizei am Alexanderplatz zu bitten. Sie war sofort damit einverstanden.

Nachdem wir uns bei Monika T. bedankt hatten, gingen
wir noch in das *Maximilian-Eck* und tranken ein, zwei
Bier mit Weinbrand. Halt: Zigaretten waren auch dabei.
O je, eine schlimme Zeit.

Wir waren sehr zufrieden und beide überzeugt: *Freund-
chen, bald zappelst du in unserem Netz.*

Am folgenden Tag saßen alle Mitarbeiter der Einsatzgruppe im Revier 281 in unserem Büro zusammen, und
wir diskutierten das weitere Vorgehen bei den Ermittlungen. Erst einmal waren wir beruhigt: Der Einbrecher war
wieder in Berlin aktiv. Er lebte und schien sich bester
Gesundheit zu erfreuen. Dann überlegten wir, wie die
Äußerung des Unbekannten an der Wohnungstür von
Monika T. zu bewerten sei: »Ich suche meinen Arbeitskollegen Wolfgang Seifert.«

Gab es diesen Namen überhaupt in Pankow, in Berlin
beziehungsweise in der gesamten DDR? Wenn ja, in welcher Beziehung stand er zu unserem Täter? Wie war die
exakte Schreibweise des Namens Seifert: mit »i« oder »y«,
mit doppeltem »f« und so weiter.

Wir kamen letztlich zu dem Schluss: Der vom Täter ge-
nannte Name existiert. Denn die Gesamtumstände bei
dem Zusammentreffen zwischen Monika T. und dem Unbekannten, die psychologische Situation, war wie folgt:
Der Unbekannte wurde von Frau T. derart überrascht,
dass er überhaupt nicht zum klaren Überlegen kam und
deshalb einen ihm bekannten Vor- und Zunamen nannte.

Wir kalkulierten sogar ein, dass der Täter seinen eigenen echten Namen nannte. Das hielten wir zwar für sehr unwahrscheinlich – aber, wie schon einmal in diesem Buch erwähnt: In der Kriminalistik gibt es nichts, was es nicht gibt!

Was nützte uns diese Überlegung nun für unsere Ermittlungen? Wir mussten uns auf diesen Namen konzentrieren. Dass es sich dabei um einen Arbeitskollegen des Unbekannten handelte, glaubten wir nicht.

Unter Berücksichtigung aller anderen Ermittlungsrichtungen bekam die Spur »Wolfgang Seifert« das Prädikat »Sonderspur«. Ich erhielt die Aufgabe, diese Sonderspur zu bearbeiten. Darüber war ich nicht unglücklich, war ich mir doch ziemlich sicher: Diese Spur führt zum Täter. Entweder würde er in den nächsten Wochen in unseren Tatortbereichen von den operativen Kräften (Schutzpolizei) auf frischer Tat gestellt werden oder bei Personenkontrollen in unser Netz geraten.

Meine Kollegen der Einsatzgruppe waren jedoch überwiegend der Meinung: *Daran beißt Berndt sich die Zähne aus!* Obwohl sie mir durchaus den Erfolg gegönnt hätten. Aber die Aufgabe schien doch sehr umfangreich.

Mir war klar: Die Namenssuche konnte ich nicht auf den Stadtbezirk Pankow begrenzen. Dort begann ich aber natürlich.

In allen Ortsteilen gab es sogenannte Meldestellen. Dabei handelte es sich um Dienststellen der Volkspolizei, die sich nur mit der An- und Abmeldung von Wohnanschriften der Bevölkerung befassten. Zur Erinnerung für ehemalige DDR-Bürger: Jedes Wohnhaus hatte ein sogenanntes *Hausbuch* zu führen. So mussten sich Besucher der Mieter, wenn sie sich länger als drei Tage und Nächte im Haus aufhielten, beim Hausbuchbeauftragten anmelden. Die Hausbuchbeauftragten waren meist Rentner beziehungsweise ehrenamtlich tätige Bürger, die natürlich polizeilich einen einwandfreien Leumund brauchten. Die Meldevorschrift wurde meistens sorgfältig eingehalten. Natürlich gab es Verstöße, davon konnten wir als Kriminalisten ein Lied singen. Aber prinzipiell bot uns die Meldevorschrift eine gute Fahndungsmöglichkeit.

Eine computergesteuerte Auskunft/Erfassung der Meldedaten der regulären Hausbewohner gab es auf den Meldestellen damals noch nicht. Ich musste also in jede einzelne Meldestelle und in den dort befindlichen Karteikarten nach meiner *heißen Spur* suchen.

Es war mir von Anfang an klar, dass es sich um eine sehr aufwendige Ermittlung handeln würde. Glücklicherweise wurde ich von Stunde zu Stunde im Umgang mit den Karteikarten immer schneller und routinierter. Nach drei Tagen hatte ich alle Meldestellen überprüft. Natürlich oft verbunden mit Überstunden und direkter Unterstützung der Mitarbeiter und Mitarbeiterinnen der Meldestellen.

Das Ergebnis lautete: Es gab im Stadtbezirk Pankow insgesamt zwölf Personen mit dem Namen Wolfgang Seifert. Das hatte ich nicht erwartet. Ich rechnete mit maximal fünf.

Nun musste ich natürlich, nach vorangegangener Planung, jede einzelne Person überprüfen. Die Zeit, jeden einzelnen Wolfgang Seifert am Arbeitsplatz oder in der Wohnung aufzusuchen, hatten wir nicht. So plante ich drei Tage für die Überprüfung auf unserer Dienststelle

Revier 281 ein. Zur Unterstützung stand an meiner Seite Kriminal-Hauptwachtmeister Michael E.

Wir fertigten schriftliche Vorladungen für die nächsten drei Tage an, natürlich über den Tag verteilt: 8 Uhr / 10 Uhr / 12 Uhr / 14 Uhr. Ja, auch derartige administrative Tätigkeiten gehörten zur kriminalistischen Arbeit.

Alle zwölf Wolfgang Seiferts wurden zum Revier 281 vorgeladen. Damit wir keinen großen Zeitverlust hätten, wurden die Vorladungen von den jeweils zuständigen ABV direkt vor Ort in die Briefkästen gesteckt beziehungsweise persönlich übergeben.

Der entscheidende Hinweis

Am ersten Tag der Überprüfungen konnten wir bereits vier Personen von unserer Verdächtigen-Liste ausschließen. Es gab nicht die geringsten Hinweise zu unserem Täter, weder in ihrem beruflichen Umfeld noch in der Familie.

Aber schon am zweiten Tag dieser Aktion, gab es den entscheidenden Hinweis! Vor mir saß einer der zwölf Wolfgang Seiferts. Zwanzig Jahre alt, Feinmechaniker aus dem VEB Niles in Berlin-Pankow. Ein sportlicher, sympathischer junger Mann. Er passte überhaupt nicht zu unseren Vorstellungen vom Täter. Allein das Äußere, also die Personenmerkmale, die ja besonders im Phantombild zum Ausdruck kamen, waren völlig konträr.

Ich spielte mit offenen Karten und erklärte dem jungen Mann, warum er bei uns sei und worum es gehe. Er hatte vollstes Verständnis für unser Vorgehen. Als er sich in

Ruhe die Phantomzeichnung immer wieder betrachtete, zögerte er zunächst, dann sagte er: »Die Person hat vom Typ her eine gewisse Ähnlichkeit mit einem ehemaligen Schulkameraden. Gemeinsam haben wir bis zur zehnten Klasse die ›Ibsenschule‹ in der gleichnamigen Straße in Prenzlauer Berg besucht. Dann trennten sich unsere Wege.« Er selbst habe zunächst in der Driesener Straße gewohnt, sei dann aber mit seinen Eltern, noch vor Beendigung der zehnten Klasse, in das Pankower Tiroler Viertel (!) gezogen. Seit einem Jahr hatte er eine eigene Wohnung in Berlin-Blankenburg.

Jetzt wurde mir langsam warm ums »Ermittlerherz«. Meine Frage, ob er eventuell im Tiroler Viertel von seinem ehemaligen Mitschüler – sein Name: Jürgen N. – besucht wurde, verneinte er. Er war der Meinung, dass dieser immer noch allein bei seiner Mutter in Prenzlauer Berg in der Nordkapstraße wohne.

Na ja, das waren für den Anfang keine schlechten Informationen. Dann kam noch ein viel interessanterer Hinweis. Auf eine meiner weiteren Fragen zu Jürgen N. äußerte Wolfgang Seifert: »Ja, klar haben wir auch zusammen Dumme-Jungen-Streiche gemacht. Aber keine kriminellen Handlungen. Nur mal ab und zu Hausbriefkästen geöffnet, na ja, auch mal beschädigt. Jürgen war da ein richtiger Spezialist. Er konnte ohne Probleme die Schlösser der Hausbriefkästen knacken.«

Aber gestohlen hätten sie aus den Briefkästen weder Postsendungen noch andere Dinge. »Das müssen Sie mir unbedingt glauben!«, betonte Wolfgang Seifert eindringlich am Ende unseres Gespräches. Er habe nämlich die Absicht, sich in Kürze bei der Volkspolizei zu bewerben.

Am liebsten bei der Kriminalpolizei. *Sieh mal an*, dachte ich, *wäre wahrscheinlich gar nicht so schlecht.*

Wieder einmal war ich mir sicher, wir würden kurz vor der Aufklärung der Einbruchsserie stehen.

Am selben Tag, in der täglichen Dienstberatung unserer Brennpunktgruppe, erläuterte ich den Stand der Sonderspur »Wolfgang Seifert«. Alle waren begeistert. »Mensch, Berndt, du hattest den richtigen Riecher«, war noch die geringste anerkennende Bemerkung.

Selbstverständlich hatte ich auch hier wieder verdammtes Glück. Die Spur hätte durchaus im nirgendwo verlaufen können.

Alles Weitere war Routine, natürlich professionelle. Wir suchten Jürgen N. in seiner Wohnung auf und trafen ihn dort allein an, seine Mutter war noch auf der Arbeitsstelle. Ich untersuchte routinemäßig seine Bekleidung. Und was fand ich dabei in seiner Hosentasche? Den von unseren Kriminaltechnikern als Tatwerkzeug identifizierten Passepartout. Besser konnte es beweismäßig gar nicht laufen.

Jürgen N. war sich offensichtlich verdammt sicher gewesen und hatte mit unserem Erscheinen absolut nicht gerechnet. Es erfolgte seine Zuführung zum Revier 281.

In den folgenden Vernehmungen, die »Charly« B. und ich durchführten, gestand Jürgen N., nach anfänglichem Leugnen, alle ihm zur Last gelegten Wohnungs- und Kellereinbrüche sowie fünf weitere Einbrüche in Pankow und Prenzlauer Berg. Diese Straftaten hatten wir bis dahin nicht im Zusammenhang mit den von uns bearbeiteten Einbrüchen gesehen. Ja, Jürgen N. hatte doch eine sehr hohe kriminelle Intensität an den Tag gelegt.

Die Durchsuchungen der Wohnung, des Kellers und der Gartenlaube der Familie N. waren sehr erfolgreich. Bis auf das gestohlene Bargeld fanden wir alle Schmuckgegenstände und technischen Geräte. Bereitwillig zeigte uns Jürgen N. vorhandene Diebesgut-Verstecke, beispielsweise in Kellergängen des Wohnhauses Nordkapstraße. Hier hatte er hinter zuvor gelockerten Mauersteinen Schmuck versteckt.

Seine Mutter vermittelte glaubwürdig, keine Kenntnis von seinen kriminellen Handlungen zu haben.

Jürgen N. arbeitete als Eisenbahner bei der Deutschen Reichsbahn. Bedingt durch seine zahlreichen Schichtdienste hatte er vor allem an den Vormittagen Zeit, die Einbrüche zu begehen.

Obwohl nicht vorbestraft, kam Jürgen N. aufgrund der Vielzahl der Straftaten, seiner kriminellen Intensität und Energie in Untersuchungshaft: zur damaligen Zeit absolut rechtskonform.

Über das Urteil kann ich keine hundertprozentigen Angaben machen. Sicher bin ich nur, dass er keine Bewährungsstrafe erhielt, eventuell waren es anderthalb Jahre Haft.

Die eigentliche Motivation seiner Handlungen konnten wir nicht einwandfrei ermitteln. War es Bereicherungsabsicht – die übliche Motivation bei Eigentumsdelikten? Wir hatten da so unsere Zweifel. Eine intensive psychologische Untersuchung war jedoch damals bei derartigen Straftaten nicht üblich und kam nur in Betracht, wenn Schuldunfähigkeitsmerkmale (Geisteskrankheiten) vermutet wurden. Das war hier nicht der Fall.

Noch eine letzte Bemerkung zu dem von Jürgen N. bei den Einbrüchen verwendeten Passepartout: Er hatte den Schlüssel schon als Schüler in der »Ibsenschule« unbemerkt dem Hausmeister entwendet!

Übrigens: Dieser Schlüssel ist seit Abschluss des Falles in meinem Besitz.

Eine günstige Gelegenheit

Es ereignete sich an einer der kleinen Brücken über die Panke, auf der sich die Liebespärchen zum Schmusen trafen. Manchmal warfen sie Kieselsteine ins Wasser und schauten den Wellen nach, die die Steine auf der Wasseroberfläche hinterließen.

Klaus und Lydia standen an diesem Dienstag im April 1977 auf einer der Holzbrücken in der Nähe des Pölnitzwegs und schauten sich in die Augen. Offiziell hatte der Frühling vor zehn Tagen begonnen. Doch das Wetter machte nicht mit. Winzige Schneeflocken hatten sich auf Lydias Haar verirrt, die Klaus mit den Fingern wegschnippte. So wie es ein 15-jähriger Pubertierender tut.

Lydia hatte an diesem Tag Geburtstag, ihren vierzehnten. Sie war ein typischer Widder: sehr emotional, sogar ein wenig draufgängerisch. Er versprach ihr ewige Liebe, sie küsste und drückte ihn. So wie es 15-jährige Teenager überall auf der Welt tun. Er liebte ihre Sommersprossen und hätte am liebsten jede einzelne geküsst. Sie bewunderte seinen Bizeps, den er jeden Morgen trainierte.

Noch schnell ein letzter Kuss, dann gingen beide händchenhaltend den Weg in Richtung Schule zurück und hofften, dass ihr Fehlen beim Sportunterricht nicht aufgefallen war. Verträumt schlenderten sie an der Panke entlang. Übermütig patschte Klaus in eine Pfütze und spritzte Lydias Hose nass. Sie war sauer und die gute Stimmung erst einmal dahin.

An der nächsten Weggabelung kam ihnen ein Junge entgegengeradelt. Er hatte es sichtlich eilig und keuchte vor Anstrengung. Sein Rad schlingerte durch den regennassen, zum Teil matschigen Boden. Er war aufgeregt, doch das bemerkten die beiden nicht. Ebenso wie das mit dem Tode ringende Mädchen im Gebüsch nur einige Meter von ihnen entfernt.

Der zierliche Körper des Mädchens lag hinter einem vom Weg nicht sofort einzusehenden Holunderbusch, der rote Rock war hochgerutscht bis über die Knie. Es sah aus, als schliefe sie. Doch Eva, wie das Mädchen hieß, war dem Tode näher als dem Leben. Vor wenigen Minuten noch ein lachender Teenager, lag sie jetzt still und regungslos auf der regennassen Erde des Parks.

Kurz zuvor hatte der Junge, es handelte sich um den 16-jährigen Peter K. aus Schwanebeck, aus einer Telefonzelle seinen Vater angerufen und um Hilfe gebeten. Seine Cousine Eva läge wie tot hinter einem Gebüsch. Er habe sie nur kurz alleingelassen, um Zigaretten vom Kiosk am S-Bahnhof Buch zu holen. Er wisse nicht, was er tun solle.

Weg zum Kiosk am S-Bahnhof Buch

Der Vater wies ihn an, bei seiner Cousine zu bleiben, er würde sofort Krankenwagen und Polizei verständigen.

Laut Einsatzplan des Rettungswagens war der Wagen zwölf Minuten später vor Ort. Das Heulen der Sirene scheuchte die wenigen Vögel in den Bäumen auf. Der Notarzt der Schnellen Medizinischen Hilfe sprang aus dem Wagen zu dem Mädchen und kniete sich neben ihrem Körper nieder. Er fühlte ihren Puls, überprüfte die Atmung und ihre Augenlider. Das Mädchen lebte, war aber bewusstlos. Weder äußere Verletzungen noch einen Hinweis auf eine Straftat konnte der Arzt an der Elfjährigen feststellen.

Zwei Sanitäter kamen, hoben das Mädchen auf die Trage, und mit Sirene und Blaulicht fuhren sie ins Krankenhaus. Der Jugendliche mit dem Fahrrad blickte dem davonrasenden Krankenwagen hinterher.

In der Zwischenzeit war auch ein Streifenpolizist vom Polizeirevier 285 eingetroffen. Das Revier war nur circa fünf Minuten vom Ereignisort entfernt. Sofort, und das war sehr wichtig, sicherte er den Ereignisort provisorisch weiträumig mit einem Seil. Der Streifenpolizist, ein älterer Kollege mit gutmütigem Gesicht und Bauch, nahm den Jungen zur Seite und versuchte, konkrete Angaben vom Ereignis zu erlangen. Das war fast unmöglich. Nur sehr zögerlich und stotternd brachte der Junge zusammenhanglose Sätze hervor.

Inzwischen hatten sich ein paar Neugierige hinter der polizeilichen Absperrung versammelt und setzten die wildesten Ideen in Umlauf. Von einem Überfall war die Rede, von einem Sexualverbrechen und sogar von einem Mord. Der Phantasie waren keine Grenzen gesetzt.

Der 16-Jährige stand dem Streifenpolizisten regungslos gegenüber und versuchte, die Situation in Worte zu fassen. Weil er zusammenhanglos sprach und sich immer wieder die Hände vor das Gesicht hielt, brach der Polizist die Befragung ab. *Soll sich die Kriminalpolizei um ihn kümmern,* dachte er. *Sie kommt sowieso bald.*

Der Schneeregen hatte inzwischen aufgehört, und ein paar Sonnenstrahlen schlichen sich durch die grauen Wolken. Die Vögel waren zum Baum zurückgekehrt.

Einsatz im Schlosspark

Seit zwei Jahren war ich Leiter der Arbeitsgruppe »Schwere Straftaten« im Kommissariat III der Kriminalpolizei in Pankow. Dienstgrad: Leutnant (Kommissar). Ich saß an meinem mit Akten beladenen Schreibtisch. Meine Überlegungen, wohin mit den rosa Heftern und wohin mit den dicken, schwarzen Ordnern, wurden vom Telefonklingeln unterbrochen. Beim Griff nach dem grauen Hörer stieß ich mit dem Ellenbogen gegen den Ordnerstapel. Bevor ich den Hörer abhob, fluchte ich erst einmal kräftig.

»Leutnant, komm mal in mein Büro.« Es war die Stimme meines Kommissariatsleiters Hauptmann (Hauptkommissar) Heinz P.

Ich überlegte, ob er mich loben oder tadeln wollte. Keines von beiden, stellte ich schnell fest. »Kümmere dich sofort um den Fall des Mädchens im Bucher Schlosspark. Ist noch ziemlich frisch. Momentan sehr unklar, was dort passiert ist. Vermutlich eine gesundheitliche Geschichte.

Wir wurden vor circa einer halben Stunde vom Polizeirevier 285 verständigt. Wie schon gesagt: unklare Sache.«

Und er fuhr fort: »Ein elfjähriges Mädchen wurde ohne Bewusstsein von einem Verwandten im Park gefunden. Das Kind befindet sich im Krankenhaus Buch, Klinikum Teil I. Kann einen gesundheitlichen Hintergrund haben. Aber aufgrund des Alters möchte ich sichergehen. Überprüfe die Sache. Nimm dir einen Kriminaltechniker mit und melde dich telefonisch vom Revier in Buch. Noch Fragen?«

»Nein, alles klar. Ich melde mich.«

Ich verständigte telefonisch Kriminaltechniker Oberleutnant (Oberkommissar) Joachim W., und gemeinsam fuhren wir nach Berlin-Buch.

Obwohl ein Haufen Arbeit auf meinem Schreibtisch lag und nach Erledigung schrie, war ich nicht böse über den Auftrag. Lieber im Regen ermitteln, als im Büro Akten ordnen. Nur raus!

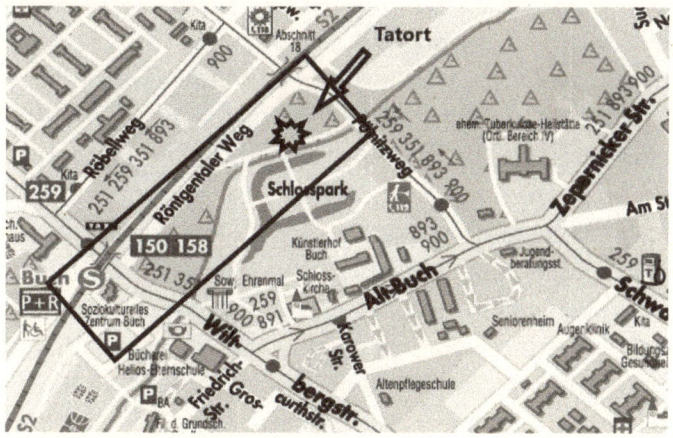

Stadtplan Berlin-Buch, Schlosspark

Am Ereignisort trafen wir einen verstörten Jungen, von dem wir nur mühsam ein paar Einzelheiten erfuhren. Das Mädchen wäre seine Cousine, er war zu Besuch und sie hätten eine Radtour gemacht. Ich schaute mich um, sah kein zweites Fahrrad und fragte ihn, wo es sei.

»Wir hatten nur ein Rad, und sie saß vorne auf der Stange. Ich weiß, dass das verboten ist, aber wir hatten viel Spaß dabei.«

Meine Gedanken drifteten kurz in die Vergangenheit ab. Ich erinnerte mich, wie ich als 14-jähriger Bengel meine Schulfreundin Waltraud auf dieselbe Weise durch Prenzlauer Berg kutschiert hatte und wie wir uns über die Erwachsenen amüsierten, die schimpften und mit der Polizei drohten. Doch das Lachen verging uns, als ich wenig später die Bordsteinkante übersah. Eine schmerzhafte Sache, die noch jede Menge Ärger nach sich zog.

Nun stand ich einem verwirrten Jungen gegenüber, der durchnässt und durchgefroren war. Die ersten Ermittlungen der Kollegen hatten ergeben, dass ein Mann kurz nach 15 Uhr im Krankenhaus Buch anrief und die Schwester in der Notaufnahme bat, einen Rettungswagen zum Schlosspark, Eingang Pölnitzweg, zu schicken. Dort liege ein schwerverletztes Mädchen und sein Sohn warte bei ihr.

Der Junge stand schweigsam am Funkwagen neben zwei meiner uniformierten Kollegen. Der Funkwagen war kurz vor unserem Erscheinen am Ereignisort eingetroffen. Ein Polizist des Reviers, der als erster vor Ort gewesen war, berichtete mir, was ihm der Jugendliche erzählt hatte. Seine Aussage deckte sich in etwa mit der der Krankenschwester aus dem Krankenhaus, die das Revier 285 telefonisch verständigt hatte.

Inzwischen war auch der Vater des 16-Jährigen einge-troffen und kümmerte sich um seinen Sohn. Zu allem Unglück fing es wieder an, zu regnen. Doch kein Grund, die Fundort-/Tatortbesichtigung auf später zu verschie-ben. Je weniger Zeit verging, desto größer waren die Chan-cen, Spuren zu sichern. Der Vater versuchte allerdings, mich davon abzuhalten, seinen Sohn zum unmittelbaren Fundort mitzunehmen. Obwohl ich das Argument, der Junge sei viel zu verwirrt, gut nachvollziehen konnte, bestand ich darauf, und schließlich willigte er ein.

Eine Tat- oder Fundortbesichtigung in Anwesenheit von Zeugen oder Verdächtigen ist eine kriminalistische Maßnahme von großer Bedeutung. Der Ermittler ver-schafft sich einen Überblick über das Geschehen, sichert Spuren und lässt gleichzeitig einen »Trampelpfad« anle-gen, um keine neuen Spuren zu hinterlassen. Eine Maß-nahme, die den Kriminaltechnikern die Arbeit erleichtert. Darüber hinaus geben die Reaktionen von Zeugen und Tätern wichtige Hinweise, die oft mehr aussagen als die Vernehmungen. Wobei es sich meist nur um gefühls-mäßige Wahrnehmungen handelt, die vor Gericht keine Beweiskraft haben. Auch in diesem Fall konnte mein Bauchgefühl wieder einmal gefragt sein und eventuell zu neuen Ermittlungsansätzen führen. Nur die wenigsten Menschen sind wirklich in der Lage, ihre Gefühle und Reaktionen vollständig zu verbergen. Ein Blick, ein Zögern, ein Augenverdrehen oder eine spontane Geste verraten sie.

Der Junge hatte sich inzwischen gefangen und begleitete mich zu der Stelle, an der seine Cousine gelegen hatte. Um ihn im Blick zu behalten, lief ich etwa zwei Meter seitlich neben ihm. Der feuchte Boden patschte gegen meine Schuhe, nasse Zweige streiften die Kleidung. Gemütlich war anders. Aber egal, endlich war ich wieder mit Ermittlungen vor Ort betraut, und es gab keinen Grund zum Meckern.

Ich hatte den Jungen am Anfang des Weges gebeten, fünf Meter vor dem Fundort stehenzubleiben, um keine Spuren zu verwischen. Als ich Peter fragte, ob der Arzt den gleichen Weg gegangen sei, zögerte er einen Augenblick, dann nickte er. Da war es wieder, das Bauchgefühl. Obwohl der Junge seine Schritte nur minimal verlangsamt hatte, war mir aufgefallen, dass ihn etwas beschäftigte. Ich bemerkte seine Unruhe, die umso stärker wurde, je näher wir dem Fundort kamen. Hatte er Angst? War er aufgeregt? Hatte er etwas zu verbergen?

Ich blieb stehen und klopfte mir die Regentropfen von der Jacke. Ausgerechnet heute hatte ich den Anorak ohne Kapuze angezogen. Meine Haare waren klatschnass. Peter

Fundort von Eva

hatte seine Füße merkwürdig nach innen verbogen, als weigerten sie sich, weiterzugehen. Der Schnürsenkel seines linken Turnschuhs war aufgegangen. Peters Finger drehten an den Jackenknöpfen. Von weit her hörte ich das Kreischen junger Leute, die sich irgendwo im Park amüsierten.

Die Geschichte, die Peter K. mir erzählte, klang durchaus glaubhaft, und es hätte keinen wirklichen Grund gegeben, sie zu hinterfragen. Er sei zu Besuch gekommen, und sie hätten sich wunderbar verstanden. Er hätte Eva lange nicht gesehen und sei überrascht gewesen, wie lustig und unkompliziert sie im Gegensatz zu früher war. Damals wäre sie eine richtige Zicke gewesen. Damals habe sie ihn bei jeder Kleinigkeit bei seinen Eltern verpetzt. Doch die letzten Tage mit ihr seien locker und entspannt gewesen. An diesem Morgen hätten sie Lust auf eine Radtour gehabt. Er wollte das Rad vorher noch putzen, doch Eva meinte, er solle sich nicht so anstellen und endlich losfahren. Sie setzte sich auf die Querstange seines Herrenrades, und Peter strampelte los. Das erste Stück des Weges war das anstrengendste. Es ging verdammt steil bergauf. Oben angekommen, hätte er am liebsten angehalten und ein paarmal kräftig durchgeatmet. Doch er war zu stolz, vor seiner elfjährigen Cousine schlapp zu machen. Das kam nun wirklich nicht in Frage. Er strampelte kreuz und quer durch den Park, sie lachten, sangen und hatten jede Menge Spaß. Einmal wären sie fast umgefallen, doch im letzten Moment war Eva von der Stange gesprungen, und Peter konnte das Rad halten. Dann hätten sie sich irgendwo auf eine Bank gesetzt und lange geschwiegen.

Während mir Peter die Geschichte in aller Ausführlichkeit erzählte, bemerkte ich eine Schleifspur im Gras. Nicht sehr deutlich, doch immer noch erkennbar. Der Regen, die Polizeistiefel und die Schuhe der Mitarbeiter vom Notarztwagen hatten die Schleifspuren fast unsichtbar gemacht. Wenige Meter vom Fundort blieb der Junge stehen, schaute zu Boden, stand mit beiden Händen in den Hosentaschen vor mir und schwieg. Ich hatte genug gehört und gesehen und beendete die Aktion.

Inzwischen war es halb sieben, und ich beschloss, den Fundort des Mädchens zu fotografieren. Das tat ich immer, wenn ich das Gefühl hatte, ich könnte etwas übersehen haben. Da Kriminaltechniker Joachim W. mit mir am Ereignisort war, konnte ich diesen Teil der Arbeit aber ihm übertragen.

Die Ermittlungen am Tatort waren vorläufig abgeschlossen, und ich fuhr mit Joachim W. noch zum Krankenhaus Buch, in dem das Mädchen stationär untergebracht war. Ich hoffte, von Eva Angaben zum Geschehen zu erhalten.

Aber sie war immer noch nicht ansprechbar. Im Gegenteil: Ihr Allgemeinzustand hatte sich verschlechtert. Der behandelnde Arzt erklärte mir, dass er keine Anzeichen einer Gewalttat festgestellt habe. Die Mediziner gingen gegenwärtig von einer bisher nicht erkannten Erkrankung aus. Sie vermuteten ein Anfallsleiden, eventuell Epilepsie.

Tja, das war nicht befriedigend für weitere kriminalpolizeiliche Ermittlungshandlungen. Als ich, noch im Krankenhaus, die vergangene Stunde vor meinem inneren Auge Revue passieren ließ, kam es wieder: dieses Gefühl, hier sei etwas sehr Ungewöhnliches geschehen, hier sei etwas aus dem Ruder geraten. Damit meinte ich vor allem das Gesamtverhalten von Peter K., seine Schilderung des Ablaufs des Geschehens im Park und die Umgebung des Ereignisortes. Irgendwie passte der unmittelbare Fundort nicht in meine Version. Aber wie und was geschehen war, konnte ich zu diesem Zeitpunkt noch nicht erklären.

Kriminaltechniker Joachim W. verstand meine Zweifel am Ablauf des Geschehens im Park nicht ganz. Doch so schnell war ich nicht davon zu überzeugen, dass die bisherigen Angaben und Fakten das Geschehen im Park widerspiegelten.

Wir fuhren zur Inspektion Pankow zurück. Ich musste ja noch meinem Chef ausführlich (und nicht nur telefonisch) Bericht erstatten. Der war jedoch gerade im Begriff, nach Hause zu gehen, und hörte nur mit halbem Ohr zu. Mit meinem vorläufigen Ermittlungsergebnis war er aber einverstanden. Meine Zweifel behielt ich für mich.

Es pladderte immer noch wie verrückt vom Himmel, und ich schnappte mir einen herrenlos in der Wache der Inspektion herumstehenden Regenschirm. Dann verabschiedete ich mich von den Kollegen der Spätschicht und machte mich auf den fünf minütigen Fußweg nach Hause. Ich freute mich auf einen gemütlichen Abend. Gabi hatte mir eine Überraschung versprochen. Unterwegs überlegte ich, was sie damit gemeint haben könnte. Als ich dann trotz des »geborgten« Regenschirms ziemlich durchnässt zu Hause ankam, wartete ein heißer Erbseneintopf mit Würstchen auf mich.

Die Nacht war um 4 Uhr vorbei. Ein Albtraum hatte meinen Schlaf abrupt beendet. Ein Monster mit vier Armen und Augen so groß wie Kürbisse jagte mich durch einen

Wald. Als ich über einen Baumstamm stolperte, schreckte ich hoch. Kaum machte ich die Augen auf, hatte sich das Monster in Luft aufgelöst.

Ich öffnete das Fenster, um frische Luft einzusaugen. Es war Samstagmorgen, die Straße war menschenleer, alles schlief. Mein Geist war wach. Viel zu wach, wie ich meinte. Ich dachte darüber nach, heute noch den mir bekannten Rechtsmediziner Dr. A. aufzusuchen, um Klarheit zum Geschehen im Bucher Schlosspark zu erhalten. Ich beschloss, meinem Bauchgefühl nachzugeben und den Gerichtsmediziner zu bitten, sich das Mädchen im Krankenhaus anzusehen. Nachdem ich diesen Entschluss gefasst hatte, legte ich mich noch einmal aufs Ohr.

Gegen neun frühstückte ich. Gabi hatte die Brötchen vom Vortag aufgebacken: Angebräunt und knackig schmeckten sie mir am besten. Butter, eine Scheibe Käse und ein bisschen Marmelade drauf. Der Tag fing richtig gut an. Nach dem letzten Bissen rief ich den Doktor an und bat ihn, mit mir in das Krankenhaus nach Buch zu fahren. Obwohl auch er heute seinen freien Tag hatte, sagte der Rechtsmediziner sofort zu. Ich machte mich auf die Socken zur Inspektion Pankow, setzte mich in den Dienst-»Trabi« der Pankower Kripo und fuhr in die Schönhauser Allee.

Dr. A. kannte ich seit vier Jahren, wir verstanden uns sehr gut. Der Mediziner war ein gesprächiger Mann, und ich hörte ihm gern zu. Er war nicht nur ein Mann vom Fach mit viel Erfahrung, sondern auch ein Mediziner, der wenig von Fachausdrücken hielt. Sein Spruch: Ich möchte so reden, dass mich meine Mutter und der Mann vom Bau verstehen. Wenn er über seine Fälle sprach, hatte ich stets das Gefühl, etwas dazuzulernen.

Er stand bereits vor seinem Wohnhaus und wartete auf mich. Ein Mann Anfang fünfzig mit Aktenmappe und Regenschirm, Anzug und geputzten Schuhen. Lächelnd stieg er ein. »Na, Leutnant, nun erzählen Sie mal«. Nachdem ich ihm den Fall geschildert hatte, wollte ich wissen, ob es sein könne, dass das Mädchen gewürgt und eventuell missbraucht worden sei, ohne dass bei oberflächlicher Betrachtung Anhaltspunkte dafür sichtbar wären. »Es ist tatsächlich so«, begann er, » dass Würgemale von ungeübten Ärzten übersehen werden. Das ist ein großes Übel, müssen Sie wissen, und so gehen einige Morde als Herzinfarkt oder andere natürliche Todesursache durch. Einmal hatte ich sogar eine Frau mit drei Messerstichen im Rücken auf dem Tisch. Und was stand auf dem Totenschein? Herzstillstand. Was für ein Mist. Der Kollege war zu bequem gewesen, die Tote mal umzudrehen beziehungsweise: Er hatte einfach Probleme beim Umgang mit Toten. Fatale Sache für einen Mediziner.«

Gleich danach kam sein zweiter Lieblingsspruch: »Wenn auf allen Gräbern mit unentdeckten Mordopfern eine Kerze brennen würde, wären die Friedhöfe hell erleuchtet.« Diesen Spruch kannte ich aber schon von anderen Rechtsmedizinern.

Dann erzählte er von einem Fall, in dem der Täter erst gestanden, dann aber das Geständnis widerrufen hatte. Die Polizei sah blass aus, hatte nichts mehr in der Hand. Doch bevor der Mann entlassen werden musste, lieferte der zuständige Rechtsmediziner den Beweis: Die Würgemale, obwohl nur noch schemenhaft zu erkennen,

stammten von einer großen Hand mit langen Finger-
nägeln und einem versteiften Daumen. Ich hörte geduldig
zu, auch wenn das nichts mit meinem Fall zu tun hatte.
Ich wusste, Dr. A. brauchte immer eine gewisse Anlaufzeit.
Ich verglich das mit einem Fußballspieler, der auch nicht
aus dem Stand heraus ein Tor schießt und sich vor dem
Spiel erst einmal warmlaufen muss. Na ja, vielleicht ein
komischer Vergleich.

Als wir auf dem Krankenhausparkplatz hielten, legte
mir der Doktor eine Hand auf den Arm: »Wissen Sie, Herr
Marmulla, es gibt Menschen, für die ist Würgen und der
damit verbundene Sauerstoffmangel auch sexuelle Lust.
In der Regel hat der Mann dann eine Erektion, doch nicht
immer einen Samenerguss. Vielleicht haben wir es hier
mit einem derartigen Ereignis zu tun. Ich sage nicht, dass
es so war. Ich sage, es könnte so gewesen sein.«

Inzwischen hatte sich der Nieselregen zu einem Sturz-
regen entwickelt, und wir beschlossen, das Ende der Sint-
flut im Auto abzuwarten. So ganz trocken war es im
Trabant allerdings auch nicht. Das Fenster auf der Fahrer-
seite klemmte, und durch den offenen Schlitz schlängelte
sich so eine Art Bach über die Innenseite der Scheibe und
tropfte auf meinen Ärmel. Doch das merkte ich erst später,
denn der Doktor hatte noch eine spannende Geschichte
zu erzählen.

»In Jena hatte eine Frau ihren Ehemann tot im Bett aufgefunden. Er war Anfang dreißig und keineswegs eines
natürlichen Todes gestorben. Er hatte eine Plastiktüte über
den Kopf gehabt, die am Hals zugebunden war. Tod durch
Ersticken stellten meine Kollegen fest. Der anfangs ge-
äußerte Verdacht, die Frau habe dabei etwas nachge-

holfen, erhärtete sich nicht. Die Frau berichtete über die eigentümlichen Sexualpraktiken ihres Mannes. Er habe sie gefesselt und bis zu einer halben Stunde an einer selbstgebauten Vorrichtung aufgehängt. Er habe sie mit einem nassen Handtuch oder einer Peitsche geschlagen. Je mehr er sich an ihr austobte, desto mehr erregte es ihn. Erst dann konnte er normalen Geschlechtsverkehr mit ihr haben. Und, Leutnant Marmulla, jetzt hören Sie genau zu: Wenn das alles nicht ausreichte, um ihn zu erregen, würgte er seine Frau noch zusätzlich. Na ja, es gibt die eigenartigsten Menschen. Nachdem die Ehefrau über die Sexpraktiken ihres Mannes ausgesagt hatte, war klar: Es handelte sich um einen autoerotischen Unfall mit Todesfolge.«

Tödlicher autoerotischer Unfall

So ganz neu war mir diese Art der Triebbefriedigung nicht. Im Kriminalistik-Studium hatte ich bereits davon gehört und sogar selbst zwei derartige Fälle in meiner Laufbahn bearbeitet. Allerdings ohne Todesfolge. In beiden Fällen wurde eine Frau solange gewürgt, bis der Mann einen Orgasmus bekam. Die Frauen hatten Todesängste durchlebt, denn das Würgen geschah nicht in gegenseitigem Einverständnis. Auch später wurde ich noch einige Male mit derartigen Fällen konfrontiert. Dabei habe ich festgestellt, dass Würgen aber auch Gewürgtwerden für einige Menschen große Lust bedeutet.

Der Regen hatte endlich nachgelassen, und wenige Minuten später standen wir in Begleitung des behandelnden Arztes Dr. Wolfgang M. an Evas Bett auf der Kinderstation. Das Mädchen sah wie ein schlafender Engel aus. Nur dass sie keine blonden Haare hatte. Ihre dunklen Locken standen im krassen Gegensatz zu ihrem blassen Gesicht. Beim flüchtigen Hinschauen sah die Szene wie ein Schwarz-Weiß-Foto aus. Sie war zwar nicht mehr in Lebensgefahr, aber auch noch nicht vernehmungsfähig.

Wie ich das Mädchen so unschuldig und hilflos im Bett liegen sah, vergaß ich für einen Moment den emotionalen Abstand, der in unserem Beruf so verdammt wichtig ist. Das Mädchen tat mir leid. Dr. A. hatte sich inzwischen zu dem Kind herabgebeugt, um den Hals näher zu betrachten. Nach nicht einmal einer Minute stand für ihn fest: Das Mädchen ist gewürgt worden! Seiner Meinung nach waren an beiden Seiten des Nackens Fingernagelspuren und kaum sichtbare Druckstellen auszumachen. Schwach, aber noch zu erkennen.

»Sehen Sie, Herr Kollege. Genau hier.« Dabei zeigte er auf die Halsseiten des Mädchens. Dann geschah etwas Peinliches. Der Krankenhausarzt schüttelte den Kopf und meinte, der Gerichtsmediziner täusche sich. Ich selbst beugte mich vor und sah kleine halbmondförmige Hautstellen am Hals des Opfers. Dr. A. blieb trotz der entgegengesetzten Meinung des Arztes ruhig und bat ihn, doch bitte noch einmal genau hinzuschauen. »Na ja«, meinte der Arzt in seiner doch leicht arroganten Art, »da ist irgendwas, aber das könnte von einem Ast stammen, gegen den das Mädchen gestolpert ist.«

Der Rechtsmediziner holte tief Luft: »Das sind Würgemale, Herr Kollege. Eine andere Erklärung gibt es dafür nicht.« Und er fuhr fort: »Der Täter stand direkt vor ihr. Auch das ist exakt an den Spuren zu erkennen.«

Ich wollte so schnell wie möglich diese unangenehme Situation verlassen und erklärte, ich müsse unbedingt zum Revier zurück. Den Stationsarzt, Dr. Wolfgang M., bat ich, seinen Kollegen, Rechtsmediziner Dr. A., weiter zu unterstützen. Damit hatte ich sozusagen im Interesse aller die hitzige Situation entspannt. Dann verabschiedete ich mich von Dr. A. und ließ ihn mit dem Stationsarzt im Krankenzimmer zurück.

In meinem Büro in der Inspektion Pankow angekommen, ging ich als Erstes in die kleine Küche, um mir einen Kaffee zu kochen. Nach dem ersten Schluck setzte ich mich an die Schreibmaschine und tippte einen vorläufigen Bericht. Einfach nur um die ersten Gedanken schriftlich zu dokumentieren.

Unbekannter Würger im Schlosspark Buch:
Das Opfer, eine elfjährige Schülerin, wurde bis zur Bewusstlosigkeit von einem bisher unbekannten Täter gewürgt, in ein Gebüsch geschleift und dort abgelegt. Zwei Versionen sind möglich: 1. Ein unbekannter Täter trifft zufällig die auf ihren Cousin wartende Schülerin und nutzt die kurze Abwesenheit des Cousins für seine Handlungen (Motiv bisher unklar) 2. Peter K. ist der Täter. Er greift seine Cousine ohne ersichtliche Motivation an. Seine Aussage, er wäre nur Zigaretten holen gewesen, und alle wei-

teren Angaben sind unglaubwürdig. In beiden Fällen wäre
ein sexuelles Motiv wahrscheinlich.

Aus diesen zwei Versionen ergeben sich erste, umfangreiche
Ermittlungen wie zum Beispiel:

- *Überprüfung des Peter K., Ermittlungen in seinem familiären Umfeld*
- *weitere Ermittlungen zur eventuellen Zeugenfeststellung*
- *Überprüfung von bekannten Sexualtätern im Wohngebiet*
- *Ermittlungen im Klinikum Buch, Teil II, Haus 213 – offener und geschlossener Maßregelvollzug (Psychiatrie).*

Ich war von dem Untersuchungsergebnis des Rechtsmediziners überzeugt und musste also auch die Mordkommission im Präsidium am Alexanderplatz verständigen. Das tat ich noch am Wochenende, fand aber nach Schilderung des Sachverhaltes bei den Kollegen keine Resonanz. »Alles noch zu unklar, vielleicht hat der Stationsarzt die richtige Diagnose gestellt, wartet mal ab, bis das Mädchen wieder zu sich kommt …«

Nun, da war ich schon ziemlich enttäuscht, aber – und das war nicht unwichtig – ich hatte die Unterstützung meines Kommissariatsleiters Heinz P.

Die Ermittlungen

Meine Arbeitsgruppe begann am Montag mit den Ermittlungen. Immerhin konnte ich drei Ermittler in der Sache »Würger vom Schlosspark« einsetzen.

Meine Hauptversion, dass Anzeigender und Täter ein und dieselbe Person seien, fand nicht bei all meinen Kollegen Zuspruch. Ich ließ mich dadurch aber nicht verunsichern und teilte meine Mitarbeiter in die Hauptaufgaben ein: Zeugenermittlung, Überprüfung einschlägig vorbestrafter Sexualtäter, Ermittlung im Haus 213 (Maßregelvollzug / Psychiatrie).

Die Suche nach eventuellen Zeugen brachte Mitte der Woche einen Teilerfolg: Meine Kollegen konnten in der Bucher Polytechnischen Oberschule (POS) in der Wiltbergstraße das verliebte Pärchen Klaus und Lydia ermitteln. Sie befanden sich ohne Zweifel zum relevanten Tatzeitraum im Schlosspark Buch. Beide konnten sich an den Jugendlichen auf dem Fahrrad erinnern, der mit hohem Tempo ihren Weg gekreuzt hatte. Nach ihrer Beschreibung kann es nur Peter K. gewesen sein. War er also tatsächlich zum Kiosk am S-Bahnhof gefahren, um Zigaretten zu holen? Schön und gut, nach den Angaben der beiden Zeugen muss er beim Zusammentreffen mit ihnen vom S-Bahnhof gekommen sein. Trotzdem blieb Peter K. mein Hauptverdächtiger.

Rein praktisch könnte auch ein Fremder die Tat begangen haben. Im weiteren Tatortbereich lag die psychiatrische Klinik (Haus 213), in der Straftäter begutachtet und therapiert wurden. Aber unsere Nachprüfungen ergaben, dass keiner der Insassen »abgängig« gemeldet war. Seit Wochen schon nicht mehr. Doch damit war diese Möglichkeit nicht gleich vom Tisch, und wir behielten das Haus weiterhin im Auge. Es könnte jemand unbemerkt geflohen sein, die Tat begangen haben und dann wieder in die Klinik zurückgekehrt sein.

Viel Arbeit machte uns auch die Überprüfung aller bekannten Sexualstraftäter. Soweit ich mich erinnere, waren es acht Männer, und bei zwei von ihnen musste erst ihr gegenwärtiger Aufenthaltsort festgestellt werden.

Trotz allem kam mir immer wieder Peter K.s unsicheres Verhalten am Tatort in den Sinn. Seine unruhigen Blicke, das nervöse Zucken der Mundwinkel und die Finger, die an den Knöpfen seiner Jacke herumzerrten. Irgendetwas stimmte mit dem Jungen nicht, das war mir klar. Nur ob das etwas mit der Tat zu tun hatte, konnte ich nicht sagen. Also beschloss ich, am nächsten Tag, einem Donnerstag, seine Familie aufzusuchen und sie zu befragen. Vielleicht erfuhr ich von den Eltern mehr über ihn.

Nach telefonischer Absprache mit dem Vater von Peter K. fuhr ich am Donnerstagnachmittag nach Schwanebeck. Peter kam aus sogenannten guten Verhältnissen. In der ganzen Familie gab es keine Auffälligkeiten. Die Eltern waren in der Volksbildung tätig (Vater: Lehrer, Mutter: Schulsekretärin) und schilderten mir ohne viele Umschweife ihre Familiensituation. Ihr Sohn Peter und der ältere Bruder Andre (19 Jahre) standen dabei natürlich im Mittelpunkt. Sie berichteten, dass keiner der beiden bisher groß auffällig geworden sei. Nur einmal hätte Peter eine Schallplatte »mitgehen« lassen. Aber da sei er zwölf Jahre alt gewesen, und man habe diese Sache in der Familie umfassend ausdiskutiert. Das konnte ich mir bei dem Lehrerehepaar gut vorstellen. Beide Jungen waren sexuell aufgeklärt. Dass die Mutter Peter einmal im Badezimmer beim Onanieren überrascht habe, finde sie normal. Nein, eine feste Freundin habe er nicht. Dafür sei er noch zu jung.

Obwohl die Eltern scheinbar mit nichts hinter dem Berg

hielten, hatte ich den Eindruck, dass über gewisse Dinge nicht geredet wurde. Auch das war wieder nur ein Bauchgefühl ohne konkreten Anlass.

Peter K. war bei diesem Gespräch nicht anwesend. Der ältere Sohn wäre unterwegs und käme erst gegen 19 Uhr nach Hause. Voller Stolz erklärten mir die Eltern, Andre sei Judosportler und eventuell zukünftiger Olympia-Kader. Ich dachte mir: Den Bruder musst du heute noch sprechen. Die Eltern waren einverstanden, dass ich gegen 19 Uhr noch einmal zu ihnen komme.

Es war inzwischen 17 Uhr, und ich fuhr zum *Schwanebecker Krug,* um mein Mittagessen nachzuholen. Bratwurst, Sauerkohl und Kartoffeln – nicht schlecht.

Der entscheidende Hinweis

Als ich gegen 19 Uhr zur verabredeten Zeit aus dem Pkw stieg, kam mir vor dem Wohnhaus Andre K. entgegen. Die Ähnlichkeit mit seinem 16-jährigen Bruder Peter war nicht zu übersehen. Er kam gerade vom Judotraining und willigte ein, ein Stück zusammen spazieren zu gehen.

Ich wollte in Abwesenheit seiner Eltern mit ihm sprechen. Meine Erfahrung hatte mir gezeigt, dass Zeugen unter vier Augen immer gesprächiger sind. Ralf sah es offensichtlich ähnlich, denn er fing sogleich zu reden an: Er habe schon lange Angst um seinen Bruder. Er sei so still und in sich gekehrt. Er rede nicht viel und schon gar nicht über seine Probleme. Er sei ein Grübler und verschließe sich seiner Umwelt. Keine Freunde, keine Schulkameraden. Alles mache er mit sich alleine aus.

Ich war über Andres Offenheit erstaunt und fragte ihn, ob Peter schon etwas mit Mädchen habe. »Nee, nee«, sagte Andre, »da ist absolut noch nichts.« Was ihn allerdings wundere, denn Peter wäre eigentlich so etwas wie ein Frauentyp. Doch er ließe alle abblitzen. »Ich denke, er hat Angst vor einer festen Beziehung. Aber das ist nur eine Vermutung.«

Andre schaute mich an, und sein Gesicht verriet, dass er noch etwas Wichtiges mitteilen wollte. Auf meine Frage, ob sein Bruder möglicherweise etwas mehr über den Überfall wisse, als er gesagt habe, blieb Ralf stehen und kickte einen Stein ins Gebüsch. Das tat er mit einer Aggressivität, die mich verwunderte. Ich hatte ins Schwarze getroffen.

»Ja, da gibt es noch etwas, das Sie wissen müssen. Es hat zwar mit der Tat direkt nichts zu tun. Aber im weitesten Sinne vielleicht doch«.

Dann erzählte er mir folgende Begebenheit: Vor ein paar Wochen wäre er in die Garage gekommen und habe einen furchtbaren Schreck bekommen. »Peter hatte sich einen Strick um den Hals gelegt, und es sah im ersten Moment aus, als wolle er sich erhängen. Mein Gott, dachte ich, zog ihm das Seil über den Kopf und warf es in die Ecke. Er meinte, das hätte er so zum Spaß getan, und ich solle mir keine Sorgen machen. Er habe nur mal was ausprobieren wollen. Er verharmloste die Angelegenheit und hat sie heruntergespielt. Doch ich musste ihm versprechen, den Eltern nichts zu erzählen. Daran habe ich mich auch gehalten. Dann haben wir beide über das Thema nicht mehr geredet.«

Auf meine Frage, ob er den Eindruck gehabt hätte, sein

Bruder sei sexuell erregt gewesen, nickte er und flüsterte: »Ich glaube, ja.«

Plötzlich fing der durchtrainierte, kräftige Judoathlet an, zu schlucken, seine Augen wurden feucht, und grußlos verschwand er.

Ich lief den Weg zum Haus von Peters Eltern zurück und ließ dabei das Gespräch mit Andre noch einmal Revue passieren. Jetzt war ich mir fast absolut sicher: Peter K. ist der Verursacher des lebensgefährlichen Zustandes seiner Cousine Eva im Schlosspark Buch.

Mein Anruf an diesem Tag im Krankenhaus Buch brachte nicht das erhoffte Ergebnis. Nach wie vor war Eva nicht ansprechbar. Ich musste zu einer Entscheidung kommen. Ich machte mir echte Sorgen, dass es eventuell niemals mehr eine Aussage von Eva geben könnte.

Darum entschloss ich mich zu einer riskanten kriminalistischen Maßnahme. Für den nächsten Tag lud ich Peter K. mit seiner Mutter in die Inspektion Pankow vor, um ihn als Verdächtigen zu vernehmen. Entweder oder! Das war nicht unbedingt eine lehrbuchhafte kriminalistische Methodik.

Am nächsten Morgen verständigte ich meinen Kommissariatsleiter von meiner Maßnahme. Meinen Kollegen verschwieg ich sie. Sie sollten nicht unbedingt damit konfrontiert werden – ich musste alleine klarkommen. Denn ich wollte nicht, dass sie bei einem Misserfolg ebenfalls in die Kritik geraten. Ansonsten war es unsere Praxis, dass bei derartigen komplizierten Sachverhalten zwei Kriminalisten die Vernehmung durchführten. Ich hatte meistens meinen Kollegen »Charly« B. als Vernehmungspartner.

Gegen 10 Uhr erschien Frau K. mit ihrem Sohn Peter in der Polizeiinspektion. Ich bat Frau K., zuerst mit ihrem Sohn allein sprechen zu können. Sie war damit einverstanden. Doch zuvor wollte sie mich unter vier Augen sprechen.

Ich ging mit ihr in den Besucherraum. Kurz zuvor hatte ich bereits mit dem Krankenhaus telefoniert und erfahren, dass das Mädchen zwar immer noch nicht vernehmungsfähig, aber weiter auf dem Weg der Besserung war. Das war für mich eine äußerst erfreuliche Botschaft.

Frau K. war sichtlich nervös und saß auf der vordersten Kante des Stuhls. Es sah aus, als wolle sie jeden Moment aufspringen und davonrennen. Ich ließ ihr die Zeit, die richtigen Worte zu finden. Obwohl selbst ein ungeduldiger Mensch, gelang es mir in solchen Augenblicken stets, zu warten, bis der andere bereit zum Reden war. Ist dieser Punkt erreicht, sprudelt es förmlich aus dem Gegenüber heraus. So war es auch bei Frau K., die mir mit gesenktem Blick gegenübersaß. Das, was sie berichtete, sei ihr hochnotpeinlich. Sie habe Peter dabei überrascht, wie er ihre Unterwäsche anzog.

»Dabei hat er vor dem Schlafzimmerspiegel gestanden und sich von allen Seiten betrachtet. Es war ihm peinlich, als ich im Türrahmen stand und ihn mit großen Augen anstarrte. Danach haben wir kein Wort mehr über den Vorfall verloren. Nur Peter und ich wissen davon, selbst meinem Mann habe ich nicht davon erzählt.«

Ich bedankte mich für ihre Offenheit und versorgte sie mit einer Tasse Kaffee. Dann ließ ich sie allein im Besucherraum zurück. Mir ist bis heute nicht klar, warum die Mutter von Peter K. in dieser Situation eine derartige Aussage machte.

Ich gönnte mir einen Moment Ruhe und setzte mich an meinen Schreibtisch. Ich wusste, dass gleich das entscheidende Gespräch stattfinden würde. Noch einmal ging ich in Gedanken den Fall durch. Es gab keine stichhaltigen Beweise gegen den Jungen; nicht einmal die Fotos des Kriminaltechnikers konnten eindeutig belegen, dass es sich am Hals des Mädchens um Würgemale handelte. Die Recherchen meiner Kollegen im Umfeld der Familie und im Tatortbereich hatten auch keine beweiskräftigen Erkenntnisse gebracht.

Die Aussagen des Bruders und der Mutter wiesen zwar auf ein merkwürdiges Verhalten des Jungen hin, doch konnte man sie mit der Tat in unmittelbaren Zusammenhang bringen? Das einzig Hieb- und Stichfeste war die Aussage des Rechtsmediziners, der eindeutig von Würgemalen sprach.

Auf dem Weg zu dem Jungen, der sich in guter Obhut bei meinem Kollegen »Freddi« G. befand, ging ich noch kurz auf die Toilette und hielt meine Hände unter kaltes Wasser. Das mache ich oft in angespannten Situationen. Ich wusste: Wenn der Junge nicht gesteht, muss ich ihn laufen lassen. Alle weiteren Ermittlungen hätte ich wahrscheinlich »abhaken« können.

Ich nahm Peter K. mit in mein Büro. Dort hatte ich etwas für damalige Verhältnisse Ungewöhnliches vorbereitet. Auf meinem Schreibtisch hatte ich mein eigenes, neues Kassettentonbandgerät (KT 100) aufgebaut. Peter K. guckte sich im Raum um, dann blickte er mich mit seinen großen blauen Augen an und sagte: »Sie haben mir von Anfang an nicht geglaubt, was ich Ihnen erzählt habe. Das hat mich sehr beeindruckt. Ja, ich habe Eva gewürgt!«

Mich haute das kurze und plötzliche Geständnis fast um. Mir schien es, als würde ein fremder Mensch aus dem Jungen sprechen. Seine weinerliche Stimme hatte einen fremden Klang und schien nicht von dieser Welt zu sein. Ich war erleichtert und erschrocken zugleich. Der Fall war gelöst!

Doch vor mir saß ein junger Mann, der sein Leben lang mit dieser Last fertig werden musste. Nun heulte er wie ein kleiner Junge, und die Anspannung der letzten Tage fiel von ihm ab. Minutenlanges Schweigen folgte. Ich wusste: Lange wird der Junge die Stille nicht ertragen. Ich stand auf, öffnete das Fenster und wartete.

Es hatte aufgehört, zu regnen, stattdessen wirbelte ein heftiger Wind durch die Straßen. Ich betrachtete den Jungen wie ein Vater, der seinem Sohn zeigen will, dass er sich auf ihn verlassen kann. Für Peter der Anstoß, Einzelheiten zu erzählen: Alles sei plötzlich über ihn gekommen. Er sei völlig benommen gewesen und habe mit seiner Cousine allein sein wollen. Warum? »Ich weiß es nicht.« Alles sei automatisch abgelaufen, als sei er selbst gar nicht dabei, sondern Zuschauer in einem Film. Er habe sich umgeschaut, ob Menschen in der Nähe seien, habe dann seine Cousine hinter einen Busch gezerrt und sei erst wieder bei sich gewesen, als seine Hände um ihren Hals lagen. »Ja, ich habe Eva gewürgt! Dann ist sie zu Boden gesunken und hat keinen Ton mehr von sich gegeben. Ich habe geglaubt, sie ist tot.«

Nach weiteren Minuten des Schweigens bat er mich, das Fenster zu schließen. Er friere. Dann berichtete er von der

Panik, die ihn ergriffen habe, wie er das Mädchen hinter einen Busch geschleift habe und wie er wie ein Wahnsinniger mit dem Rad davongerast sei. Dabei habe er sich beruhigt und sich die Version mit dem Zigarettenholen ausgedacht. Als ich ihn fragte, ob er sich an die Sekunden vor der Tat erinnere und was er gedacht habe, wich er meinen Blicken aus und betrachtete minutenlang seine Fußspitzen.

Sein erneutes Schweigen auszuhalten, war eine schwere Geduldsprobe für mich. Ich hatte zwar sein Geständnis, doch über das Motiv schwieg er. Für mich eine unbefriedigende Situation. Plötzlich und ohne den Blick vom Boden zu heben, flüsterte er: »Ich wollte sehen, wie ein Mensch durch Würgen stirbt.«

Danach sprach er leise weiter, es wäre plötzlich über ihn gekommen. Ein übermächtiger Gedanke habe ihn dazu getrieben, seine Hände um den Hals seiner Cousine zu legen und zuzudrücken. Doch es hätte in diesem Moment auch jedes andere Mädchen sein können. Seit Monaten habe ihn dieser Gedanke beschäftigt und nicht mehr losgelassen. In seiner Phantasie habe er sich das oft vorgestellt. Als ich ihn wieder nach einem Motiv fragte, erstarrte sein Körper, und Peter gab keinen Ton mehr von sich. Ich wusste aber zu diesem Zeitpunkt schon, dass ich mit meiner Version (Sexualstraftat) ins Schwarze getroffen hatte.

Ich hatte nicht vergessen, am Anfang der Vernehmung meinen Kassettenrekorder einzuschalten. Nicht unwichtig, um die Aussage beweisen zu können. Aber Peter K. wiederholte seine Aussage in allen Einzelheiten noch am selben Tag und auch bei späteren Vernehmungen bei der Mordkommission im Präsidium.

Die Aufklärung dieses Sachverhaltes brachte mir bei meinen Kollegen – auch bei den Zweiflern – Lob und Anerkennung. Beim Rechtsmediziner Dr. A. bedankte ich mich mit einer Runde *Nordhäuser Doppelkorn* und *Berliner Pils*.

Die Morduntersuchungskommission übernahm den Fall bis zur Gerichtsverhandlung. Auch in den weiteren Vernehmungen äußerte sich Peter K. nicht zu seinem Motiv. Seine Eltern waren über die Tat ihres Jungen zwar erschüttert, hielten jedoch zu ihm. Dem Gerichtspsychiater gegenüber öffnete er sich, sprach auch von seiner sexuellen Erregung, doch während des Prozesses schwieg er erneut.

Aufgrund seiner strafrechtlich verminderten Zurechnungsfähigkeit wurde Peter K. zu einem Jahr Jugendstrafe verurteilt mit der Auflage, sich fachärztlich behandeln zu lassen. Eva hatte die Tat ohne großen körperlichen Schaden überstanden. Ihre ersten Worte, nachdem sie wieder ansprechbar war: »Peter, was war denn los?«

Nachwort

Verehrte Leserinnen, verehrte Leser,

meine beruflichen Erinnerungen spiegeln vor allem die Vielfalt menschlichen Handelns und menschlicher Entscheidungen wider. Natürlich gab es bei der kriminalistischen Tätigkeit nicht täglich Neues und Aufregendes – wie tragische, traurige oder freudige Ereignisse. Nein, es gab auch komische und kuriose Begegnungen mit Menschen.

Von den Kriminalfällen in diesem Buch möchte ich den des Wohnungseinbrechers Jürgen O. aus Prenzlauer Berg als tragisch-komisch bezeichnen. Er machte wochenlang das Tiroler Viertel in Pankow unsicher, zeigte immer ausgeprägteres und professionelleres Verhalten, aber beim direkten Kontakt mit Menschen wirkte er verunsichert und verlor zum Teil die Nerven. So nannte er gegenüber einer Zeugin einen real existierenden Namen aus seinem Umfeld, was schließlich zu seiner Ermittlung führte.

Oder der Kriminalfall Manfred L. Nach einer tragischen Kindheit – auf dem Transport in eine Vernichtungseinrichtung (für geisteskranke Kinder) durch SS-Angehörige in den Kopf geschossen, überlebte er und wuchs in ständig wechselnden Kinderheimen elternlos auf – fand er in der Kirche Zuflucht und eine Heimstatt. Doch gerade hier entfaltete er eine hohe kriminelle Handlungsweise und wurde zum Dieb und Einbrecher. All seine Taten verübte er in kirchlichen Einrichtungen und gegenüber Mitarbeitern der Kirche beziehungsweise gegenüber kirchlichen Gemeindemitgliedern, die ihn zeitweilig beherbergten. Das absolut Besondere an diesem Fall war aus kriminalistischer Sicht folgender Umstand: Zwei unabhängig voneinander handelnde Einbrecher drangen auf demselben Weg (über eine Leiter) in das Pfarrhaus in Pankow ein. Beide Einbrecher handelten in dem relativ kurzen Zeitabstand von circa 15 Minuten – ohne sich am Tatort zu begegnen. Sie kannten sich überhaupt nicht. Ein in der Kriminalistik äußerst ungewöhnlicher, ja ich möchte sagen: ein einmaliger Vorgang!

Die Aufklärung des Mordes an der jungen Studentin in Prenzlauer Berg möchte ich ebenfalls als besonders ungewöhnlich bezeichnen. Eigentlich wäre nur noch eine Schaufel mit Kohlen zur Beheizung der Polizeiinspektion nötig gewesen und der Ring, der den Täter schließlich überführte, wäre für immer verschwunden gewesen, die Aufklärung des Verbrechens damit vielleicht unmöglich geworden.

Im Alltag des Kriminalisten ist allerdings oft die »Schreibtischarbeit« vorrangig: Protokolle schreiben, Anzeigen aufnehmen, Skizzen und Untersuchungspläne fertigen, Vernehmungen vorbereiten und so weiter. Entscheidend ist die spezielle Ausbildung und das konkrete Einsatzgebiet des Kriminalisten. Ich hatte das Glück, qualifizierten, erfahrenen Kollegen unmittelbar »über die Schulter gucken zu können« und somit ihrer »Gedankenwelt« und »Denkweise« näherzukommen. Und das von Anbeginn meiner Tätigkeit als Kriminalist. Ich wurde sofort ausschließlich für die Untersuchung und Ermittlung von Straftaten mit unbekannten Tätern eingesetzt. Das bedeutete, der oder die Täter waren zu ermitteln, sozusagen namhaft zu machen, und der Gerichtsbarkeit zu »übergeben«.

Am Anfang meiner Tätigkeit beschäftigte ich mich mit Dieben aller Couleur: Moped-Dieben, Fahrraddieben, Einbrechern in Wohnungen und Betriebe, aber auch mit Schlägern, Sexualstraftätern und so weiter. Es galt, sie zu ermitteln und Beweismittel/Spuren zu sichern. Später dann bezog sich mein Aufgabengebiet auf unbekannte Serientäter aller Straftatenkategorien und Täter, die schwere Einzelstraftaten begangen hatten und somit eine hohe Gefahr für die Gesellschaft darstellten. Dieses Aufgabengebiet entsprach nach Meinung meiner Kollegen und auch meiner Vorgesetzten konkret meiner Ausbildung, meinen persönlichen Neigungen, charakterlichen Fähigkeiten und Veranlagungen.

Ich glaube aus heutiger Sicht – nach jahrzehntelanger Tätigkeit im Ermittlungsbereich (auch als Privatdetektiv) –, dass ich doch viel Glück hatte, in diesem Beruf arbeiten zu dürfen. Und ich hatte auch im wahrsten Sinne des Wortes *Glück* bei vielen meiner Entscheidungen und Handlungen.

Für das Zustandekommen des vorliegenden Buches bedanke ich mich bei meinem inzwischen guten Bekannten, dem Journalisten Rolf Kremming, und selbstverständlich bei Bettina Kurzek vom Verlag Bild und Heimat.

Auch meine Frau Gabriele möchte ich bei dieser Aufzählung nicht vergessen. Ihre Meinung war mir bei einzelnen Themen von großer Bedeutung.

Mein Dank gilt außerdem postum meinem ehemaligen Kollegen Major Hans Weise (Stellvertretender Leiter der Kriminalpolizei der Volkspolizeiinspektion Berlin-Pankow), der leider im Sommer 2022 verstorben ist.

Berndt Marmulla, Kriminaloberrat a. D.
Berlin, im Frühjahr 2023

Glossar und Abkürzungsverzeichnis

ABV   Abschnittsbevollmächtigter; ähnlich dem heutigen Kontaktbereichsbeamten

AG   Arbeitsgruppe der Kriminalpolizei (innerhalb eines Kommissariats)

Brennpunkt   damalige Bezeichnung für vorsätzliche, in Serie durch einen oder mehrere unbekannte Täter begangene Straftaten, die in einem durch objektive Kriterien gekennzeichneten Zusammenhang stehen

Biologische Spuren   Menschen zuzuordnende Objekte (beispielsweise Blut, Menschenhaare, Sekrete)

Daktyloskopische Spuren   Abbilder menschlicher Hautleisten – unbekleideter Handinnenflächen, Finger oder Fußsohlen –, die die anatomische Unterscheidung von Menschen ermöglichen

EV   Strafprozessrechtliches Ermittlungsverfahren

Exquisit   Bekleidungsgeschäft in der DDR mit einem hochpreisigen und qualitativ hochwertigen Angebot für Damen und Herren (inklusive westlicher Marken-Produkte)

Euthanasie   Sterbehilfe, die man unheilbar Kranken leistet, um ihnen einen qual-

	vollen Tod zu ersparen, die allerdings durch die unmenschliche Praxis während der Zeit der Hitlerdiktatur in Verruf geraten ist
Freiwillige Helfer der DVP	Freiwillige Helfer der Deutschen Volkspolizei: zumeist unter Anleitung von ABV eingesetzte Bürger
Gesellschaftliche Gerichte	Gerichte für Arbeitsrechtssachen und andere zivilrechtliche Rechtsstreitigkeiten, u. a. Verletzung der Schulpflicht, arbeitsscheues Verhalten, einfache Verfehlungen/Straftaten; in Betrieben: Konfliktkommissionen; im Stadtbezirk: Schiedskommissionen
Haftanstalt Rummelsburg	1877–1879 als Arbeitslager für das daneben befindliche Waisenhaus erbaut; nach dem Zweiten Weltkrieg DDR-Gefängnis; 1990 geschlossen
K	gebräuchliche Abkürzung für Kriminalpolizei
Kriminalistisches Institut	Naturwissenschaftlich-technische Expertisen- und Forschungseinrichtung des MdI (Ministerium des Innern) der DDR; gegründet 1952; entwickelte sich zu einer modern ausgerüsteten, auf der Grundlage der neusten Erkenntnisse der Naturwissenschaft und Technik arbeitenden Institution

Komm.	Abkürzung für Kommissariat; Struktureinheit der Kriminalpolizei
Leichentoilette	Lebensähnliche Wiederherstellung des Gesichtes und des Kopfes einer Leiche (insbesondere unbekannter Toter) durch einen gerichtsmedizinischen Sachverständigen zum Zwecke ihrer Identifizierung sowie für Ermittlungshandlungen aller Art bei bekannten Toten
Maßregelvollzug	Freiheitsentziehende Unterbringung von psychisch kranken oder suchtkranken Straftätern
MUK	Morduntersuchungskommission
NVA	Nationale Volksarmee
Obduktion	Leichenöffnung zur Feststellung der Todesursache und zur Rekonstruktion des Sterbevorgangs; 2 Arten: klinische und gerichtsmedizinische Sektion
PdVP	Präsidium der Volkspolizei; höchste Polizeibehörde in Ostberlin
POS	Polytechnische Oberschule (10 Schuljahre); ab 1959 schrittweise in der DDR eingeführt
Rewatex	traditioneller Wäscherei- und Reinigungsbetrieb in Köpenick (Ortsteil Spindlersfeld) von 1876; in der DDR VEB und später Kombinat Rewatex; 1989 noch 4500 Angestellte, auch weibliche Strafgefangene

StGB	Strafgesetzbuch
StPO	Strafprozessordnung
Spiegelspion	Glasspiegel in beliebiger Abmessung, der ohne Beeinträchtigung seiner Funktion von der Rückseite durchsichtig ist, so dass eine hinter dem Spiegel befindliche Person die vor dem Spiegel stehende Person beobachten kann, ohne selbst gesehen zu werden; auch Rauchspiegel genannt
UHA	Untersuchungshaftanstalt
Trassologische Spuren	Spuren in Schlössern, Handschuhspuren, Fahrzeugspuren, Werkzeugspuren, Schuhspuren
Untersuchungsführer	Kriminalist, der für die selbständige Untersuchung und Bearbeitung von Ermittlungsverfahren qualifiziert ist
VEB	Volkseigener Betrieb
VP-Inspektion	höchste Polizeibehörde in einem Ostberliner Stadtbezirk